L'ARC-EN-CIEL

DU MÊME AUTEUR

À PARAÎTRE

ROSEMONDE GÉRARD

L'ARC-EN-CIEL

Ouvrage couronné par l'Académie Française

Première Édition 1926
Œuvre Complète

©2024, Ressurecto Eterna Vita Editions

contact@reveditions.com

ISBN : 9798879331479

Dépôt légal : Février 2024

Une courte biographie…

À la lecture de ces poésies tantôt enfantines tantôt sévères mais toujours émouvantes, on ne peut s'empêcher d'essayer de découvrir ce qui a pu motiver ces écrits et la personnalité profonde de leur auteur, alors essayons ensemble.

Louise Rose Étiennette GÉRARD est née le 7 avril 1866 à Paris de « père et mère inconnus ».

Fruit d'une liaison extra-conjugale entre Sylvie LEE alors épouse de William LEE et mère de deux garçons, elle sera finalement reconnue deux ans plus tard par son père, sa mère quant à elle se déclarant sa tutrice.

Baptisée à l'âge de 13 ans elle rentre alors au couvent des dominicaines jusqu'à sa majorité.

Son père décède en 1880 lui léguant les trois quarts de sa fortune alors qu'elle n'a que 14 ans et c'est Alexandre DUMAS FILS qui deviendra son tuteur.

En 1884, à la sortie du couvent elle part habiter chez sa mère pour qui elle voue une adoration sans limites même si celle-ci ne l'a jamais reconnue. Les deux femmes écument les salons des hautes sphères de la poésie, elle écrit des vers sous le nom de Rose LEE et les y récite… Elle retiendra finalement Rosemonde comme nom d'écriture, le surnom de sa grand-mère. Cette jeune fille blonde, mince, délicate et fortunée ne laisse personne indifférent et est fortement inspirée par son parrain le poète Leconte de LISLE et son aïeule la dramaturge et romancière Madame de GENLIS.

C'est lors d'un séjour dans la station thermale de LUCHON en 1887 qu'elle rencontre un jeune homme également amoureux des vers, Edmond ROSTAND.

Dès lors les jeunes gens s'écriront tous les jours, souvent en vers, elle le poussera, l'incitera, le corrigera et c'est en 1889 que finalement ils sortiront tous deux des œuvres poétiques, *Les Pipeaux* pour Rosemonde — œuvre qui sera couronnée par l'Académie Française et remportera le prix Archon-Despérouses — et *Les Musardises* pour Edmond, deux ouvrages qui semblent se répondre dans la fraîcheur et le naturel des sentiments qui les ont inspirés.

Entre deux expositions universelles, Paris rayonne désormais du sommet de la tour Eiffel.

Fous d'amour l'un pour l'autre c'est en 1890 qu'il se marient et de leur union naîtra en 1891 leur premier enfant, Maurice, l'occasion pour Sylvie LEE de rejoindre le foyer.

Edmond s'essaye à la composition d'une pièce qui se voit refusée par la Comédie Française.

Il s'obstine et persévère. Rosemonde, complètement subjuguée par le talent de son époux va dès lors et dans une complète abnégation, sacrifier sa propre carrière et accompagner dans sa quête de gloire l'homme qui s'engouffre dans les activités théâtrales et à qui elle a crainte de nuire artistiquement.

Enfin, en 1894 qui voit naître Jean, leur deuxième fils, *Les Romanesques* — Une comédie dédiée à Rosemonde — devient un premier succès auprès de la Comédie Française.

Malgré cela Edmond affaibli par la mise en scène de la pièce et les nombreuses répétitions où tantôt il s'esclaffe, tantôt il vocifère est acariâtre et devient plus noir à chaque contrariété, sombrant peu à peu vers une sourde dépression.

Rosemonde, inquiète, reste plus présente que jamais à ses côtés, très attentive à sa santé physique et mentale. Ils rencontrent Sarah BERNHARDT — qui possède le théâtre de la Renaissance — par l'intermédiaire de leurs amis, les RICHEPIN et pour qui une nouvelle pièce à succès sera écrite, *La Samaritaine*.

La consécration ne sera finalement obtenue qu'avec *Cyrano de Bergerac* en 1897, Rosemonde y laissant une partie de sa prose dans les séquences sentimentales et une partie de sa dot pour réaliser la mise en scène.

Edmond, enfin porté par la gloire va peu à peu délaisser Rosemonde et la tromper, elle qui est reléguée aux tâches d'intendance et qui s'affaire à protéger son époux. Éternel insatisfait, l'alternance de « crises de nerfs » et de périodes d'isolement affecte dangereusement l'auteur.

Atteint de pneumonie et sur les conseils du médecin de famille, la famille quitte Paris en 1900 pour le Pays Basque accompagnée de Mme LEE, une période difficile pour la Parisienne Rosemonde, habituée aux distractions et aux théâtres de la Capitale.

Ils achèteront finalement un terrain à Cambo-Les-Bains en 1902 et ce sera ensuite quatre longues années de travaux pour la nouvelle obsession d'Edmond Rostand, la majestueuse Villa Arnaga et ses magnifiques jardins, lieu d'épanouissement pour leurs fils dont l'un s'y éveillera à la poésie et l'autre à la nature.

La quarantaine désormais et ayant perdu sa mère en 1903 avec beaucoup de difficultés à se remettre de cette perte, Rosemonde est de plus en plus seule face au sombre Edmond qui s'enferme des journées entières dans le noir à l'abri du monde.

En 1911, une réédition des *Musardises* remplace la partie « *Le Livre de L'Aimée* » consacrée à Rosemonde, présageant de l'avenir du couple.

1913 : Nous sommes aux portes de la première Guerre Mondiale et si elle n'est pas effective la rupture est en marche, Edmond préférant la compagnie d'Anna de Noailles, une poétesse mélancolique.

Rosemonde de son côté recroise Tiarko RICHEPIN, le fils de leurs amis. Le jeune homme de 22 ans, compositeur, séduira rapidement Rosemonde qui écrit toujours.

Rosemonde s'échappe de plus en plus régulièrement vers Paris avec son fils Maurice avec qui elle entretient une relation fusionnelle tandis que Jean reste auprès de son père à Arnaga. Rosemonde en profitera pour écrire une Féerie, *Un Bon Petit Diable* — basée sur le roman éponyme de la Comtesse de Ségur — pour Maurice afin de l'appuyer dans ses désirs de poésie.

La guerre est là, Dodette — Le surnom donné à Rosemonde par ses enfants — parvient par ses relations à faire échapper ses fils au front et tout le monde se réfugie à Arnaga où finalement comme leur père également réformé, ils s'engageront volontairement afin d'apporter leur aide dans les hôpitaux.

En 1915, Edmond ROSTAND s'entiche d'une comédienne, Mary MARQUET, la fraîche vingtaine, qu'il compte épouser à la fin de la Guerre. Quant à elle, Rosemonde continue ses escapades avec le fils RICHEPIN en Bretagne.

De retour sur Paris pour fêter la fin de la Guerre, Edmond Rostand succombera finalement à la grippe espagnole sans avoir mis un terme à son mariage.

Rosemonde reprend dès lors la plume et les rimes, entourée de poésie, de chansons et de théâtre, elle qui s'était effacée pour son mari tant aimé. Alternant vie à Paris avec son fils dont elle est inséparable et des séjours dans les stations balnéaires et thermales elle sillonnera les routes de France pour donner des conférences toutes en poésie sur le Féminisme ou l'extraordinaire vie et œuvre de son mari, à une époque où l'on peut passer la soirée à écouter des vers.

Plus rien ne l'arrête désormais, elle rééditera en 1923 *Les Pipeaux*, suivi en 1926 par *L'Arc-en-Ciel* également récompensé par l'Académie Française, ainsi que trois autres recueils de poésie : *Féeries* (1933), *Rien que des chansons* (1939) et *Les Muses Françaises* en 1943.

Ce sont également plus de dix pièces en prose qui seront jouées, des chansons composées et interprétées par Tino Rossi ou André Baugé et deux œuvres en prose sur son époux et son aïeule.

Décorée du titre de Chevalier de la Légion d'Honneur et membre du prix Fémina, tour à tour Dodette, Rose, Rosemonde ou Mme ROSTAND, fille, mère ou épouse, cette femme exceptionnelle aux multiples facettes et dont le nom fut donné à une rose, eût été célèbre et connue à juste titre si elle n'avait épousé Edmond ROSTAND et cela, aucun membre de son entourage n'en aura jamais été dupe, mais pour qui aurait-elle alors bien pu écrire certains vers si poignants que vous découvrirez ? Rosemonde décèdera à Paris où elle est enterrée le 8 juillet 1953 à l'âge de 87 ans.

*
* *

Rééditer ses œuvres poétiques c'est pour moi l'occasion de vous faire découvrir cette Femme et de faire perdurer sa mémoire au travers des rondeaux, sonnets et triolets, de ses observations sensibles de la nature à son amour éperdu pour cet homme qui restera celui de sa vie.

Marius Julien

Pour en savoir plus…

Le site de la Villa Arnaga qui présentera au printemps de cette année des morceaux choisis et des textes inédits de Rosemonde GÉRARD

Les Annales de la Société d'Histoire et d'Archéologie de l'arrondissement de SAINT-MALO du 1 janvier 2005 qui présente une biographie dont je me suis inspiré.

Le magnifique rosier Mme Edmond ROSTAND de Joseph PERNET-DUCHER

Pour vous informer de nos publications à paraître et nous suivre

Dans une minute infinie,
Ce miracle aux mille couleurs,
Le ciel le fait avec des pluies…
L'amour le fait avec des pleurs !

BLEU

Dans une minute infinie…

LES VOYAGES

Voulez-vous remarquer, s'il vous plaît, mon Amour,
Que, pour serrer nos cœurs l'un contre l'autre, pour
Tracer avec mystère autour de nos deux âmes
Le petit cercle bleu de lumière et de flamme
Dans lequel on peut vivre et mourir en s'aimant,
Il nous manquait tous ces décors dont les amants
Universellement rajeunissent leurs rêves :
Intraduisibles ciels, inoubliables grèves,
Magiques horizons, prodigieux lointains,
Bordighera des soirs et Naples des matins,
Grottes servant d'abris, et, temples, de refuges,
Musiques de Murcie et silences de Bruges,
Glaciers de l'Engadine et forêts du Tyrol,
Provence où le vent chaud se lamente en bémol,
Vérone qui n'est qu'un concert de mandolines
Et Rome qui n'est qu'un collier de sept collines,
Séville qui s'éveille et Sienne qui s'endort,
Tous ces légers, tous ces profonds, ces chers décors
Que l'amour, de tout temps, autour de l'amour dresse,
Nous ne les avions pas ! Ces ombres de tendresse,
Ces soleils de Bosphore aux reflets éperdus,
Nos destins enlacés ne les auront pas eus !
Il faut que vous sachiez, hélas, la différence,
Et que, si j'avais pu vous sourire à Florence,
Mon sourire aurait eu ce charme spécial
Qui descend dans un cœur amoureux, lui fait mal,
Mais qui prend pour durer la forme la meilleure.
Ah ! Dieu ! si nous avions, une fois vers cinq heures,
Pu passer seulement — car un instant suffit —
Sous cette pergola fameuse d'Amalfi !
Si j'avais, quand ce sont des fleurs que je te donne,
Pu te tendre un œillet pourpre de Barcelone,

Ou, quand c'est du beau temps que je voudrais t'offrir
Un matin de juillet sur le Guadalquivir !
Si, quand nous nous sentons tous deux d'humeur errante,
Nous n'avions qu'à sortir pour entrer dans Sorrente ;
Si, prenant ton poignet d'un geste familier
Et faisant de ton bras la moitié d'un collier,
Je t'emmenais chercher la fin d'un jour sans terme
Dans la poussière d'or d'un faubourg de Palerme ;
Si la porte, là-bas, par où l'on sort du parc,
Donnait directement sur la place Saint-Marc,
Et si, dans l'ombre claire au pied du campanile,
Devant le grand lion et le grand crocodile,
Je n'avais qu'à te dire : « Asseyons-nous. Songeons. »
Pour voir autour de nous quatre mille pigeons !
Si quelquefois, cessant de dire des paroles
Et ne sachant plus rien que monter en gondole,
Nous voguions doucement, les doigts par les doigts pris,
Vers l'île de Ceylan ou celle de Capri ;
Si d'autres fois, poussés par de plus folles brises,
Nous nous aventurions, la main dans la main prise,
Vers l'antique Liban aux cèdres fabuleux ;
Enfin si — nous tenant seulement par les yeux —
Nous partions, sur la foi d'un seul regard qui dure,
Vers ces climats lointains où l'on ne s'aventure
Qu'investi d'un amour qui vous semble plus fort
Que la glace, le feu, le désert et la mort !
Ah ! si tous ces grands ciels pouvaient m'être visibles !
S'ils aidaient mon amour ! Ah ! S'il m'était possible !
D'arracher des conseils à des beautés qu'on voit !
Si, pour savoir comment une épaule à la fois
Peut être langoureuse en demeurant hautaine,
Je pouvais consulter l'acropole d'Athènes ;

Si, pour savoir comment un front doit se pencher,
J'interrogeais la tour de Pise et son clocher ;
Si j'avais pour garnir mes chapeaux de septembre
Tout le marché-aux-fleurs du village de Cambre,
Et, pour qu'un bout de voile au bord du ciel flottât,
Si j'avais le vent bleu du pont de Galata !
Ah ! que j'aurais voulu, dans l'odeur des pastilles,
Faire dégringoler des étoffes qui brillent
Chez un vieux marchand noir des Mille et une nuits !
Ah ! que j'aurais voulu m'ajouter des pays
Comme des ornements pour plaire à ta tendresse :
Porter comme un bandeau la pâleur de la Grèce,
Et, bijou le plus sûr que mon goût rencontrât,
Comme un saphir le soir foncé de Sumatra !
Ah que j'aurais voulu me sentir soutenue
Par la diversité du ciel et de la nue,
Trouver chaque matin dans d'autres horizons
De plus roses raisons de me donner raison,
Et, successivement posant sur mon visage
Ces masques éperdus que les beaux paysages
Donnent au front qui les regarde en s'y perdant,
Partir ! nous en aller ! huit jours, deux mois, trois ans…
Oh ! quitter des limons pour trouver des grenades ;
Voir des oiseaux de feu joncher des promenades ;
Savoir que « lendemain » veut toujours dire « ailleurs » ;
Faire presque semblant à Rome d'avoir peur
Dans un défilé noir où l'on perdit les guides ;
Courir sur une plage où le sable a des rides,
Et s'enfuir en laissant à la vague un soulier ;
Acheter des bouquets et puis les oublier ;
Prendre un sentier marqué par du bleu sur des roches ;
Compter des escaliers qui montent vers des cloches ;

Imaginer le ciel d'après un vieux couvent ;
Croire, au Japon, qu'on est dans un grand paravent ;
Être à Naples, marcher doucement sur la route,
Et recevoir au cœur ces refrains où, sans doute,
Pour sembler plus mortel l'amour s'appelle amor ;
Être à Madrid, revoir au fond d'un cadre d'or
La lèvre souriante et peut-être profonde
Et rien qu'en la voyant crier : « C'est la Joconde ! »
Voir glisser tout le temps des arbres... Voyager !
Changer de rive ! et puis de rêve ! et puis changer !
Suivre des grands chemins ; voir des petits villages
Où tremblent, au-dessus des balcons d'un autre âge,
Des haillons cramoisis sur de noires maisons ;
Aller si loin qu'on croit s'échapper des saisons ;
Ne quitter les ibis, graves sur un pied rose,
Que pour le Sphinx d'Égypte avec lequel on cause...
Enfin, trouvant au bord d'un ciel ou d'un octroi
Le moyen de cesser une heure d'être soi,
Entendre le prénom dont on est appelée,
— Et qui vous suit toujours comme une ombre parlée —
Devenir un son neuf chaque fois que, traduit,
Il serait ce nom là dans un autre pays !

Il faut de tout cela, mon Amour, qu'on se passe.
Nous n'avons que les grands genêts, la forêt basse,
(Car ses arbres coupés n'ont presque plus de bras) ;
Nous n'avons que la Nive bleue, et, tout là-bas,
Quelques petits points d'or, le soir, qui sont Bayonne...
Sous un soleil, toujours le même, qui rayonne
Et dont nous connaissons les soirs et les matins,

Nous n'avons, par-dessus le vallon, pour lointain,
Qu'un tout petit village, et dont nous voyons toutes
Les mêmes bonnes gens suivre les mêmes routes ;
Et ce village encore, avec son fin clocher,
Les jours de vent du sud semble se rapprocher
Tellement il a peur de garder son mystère ;
Nous n'avons pour marcher qu'un tapis de bruyère ;
Nous n'avons, pour voguer sur l'océan des fleurs,
Que tous les battements angoissés de nos cœurs ;
Nous n'avons, pour bijoux qui sur notre âme bougent,
Que tous ces éternels colliers de piments rouges,
Et, chapelet de fleurs qu'on veut bien répéter,
Les roses de l'hiver après celles d'été.
Mais pourquoi désirer sur la terre autre chose
Que ces petits points d'or, ces piments et ces roses ?
Ainsi, tout restera dans l'ordre essentiel
De tout ce qui se passe en tremblant sous le ciel :
Et, de même qu'au bord de ce simple village,
Lorsqu'on reste un peu tard parmi le paysage,
On voit, couple tremblant sur l'horizon vermeil,
Passer les douaniers qui portent leur sommeil
(Puisqu'ils portent au bord du soir qui se prolonge
Le lit de varech noir où descendra leur songe) ;
De même que l'on voit, par-dessus les rosiers,
Le rossignol porter son chant dans son gosier,
Et la brise porter son parfum sous son voile,
La barque sa chimère et le ciel son étoile…
De même, sans que rien jamais d'extérieur
N'ait la prétention de soulever nos cœurs,
De même, jour et nuit, sans repos et sans trêve,
Il faut que ce soit nous qui portions notre rêve !

INSTANTS

I

Ah ! dussé-je y passer le temps d'une saison,
Je veux savoir pourquoi je t'aime, la raison
Pourquoi tes yeux pour moi sont les seuls yeux du monde ;
Je veux, penchée au puits de mon âme profonde,
Je veux, analysant le mystère qui fait
Qu'à-ce point merveilleux je t'aime et tu me plais,
Voir clair dans mon amour, en découvrir la cause…
Et, quand je la saurai, t'aimer pour autre chose !

II

Je ne sais pas s'il est d'autres pays au monde
Plus beaux que ce village où la poussière est blonde,
Où l'air est aussi bleu que le ciel, où le soir
Semble encore un matin qui sourit sous du noir ;
Je ne sais pas s'il est d'autres pays sur terre
Plus doux que ce village où l'on se désaltère
À des sources qui sont des réponses d'argent
Sous un brouillard croisé d'insectes voltigeant ;
Je ne sais pas s'il est au monde une vallée
Plus rose le matin, le soir plus étoilée ;
Je ne sais pas s'il est sur terre un horizon
Sur lequel penche mieux le toit d'une maison ;
Mais ce ciel, que l'Espagne entoure d'une chaîne,
Mais ce soleil, qui fait pâlir même les chênes
D'un mal mystérieux sans remède et sans loi,
Vaut, tant qu'il te retient, le monde entier pour moi !

III

Ô Montagne d'ici, simple et pourtant si belle,
Puisqu'il est vrai que l'âme éperdue et fidèle
Que j'élevai toujours vers chaque ciel rosé
Parut parfois te plaire et parfois t'apaiser,
Rends-moi cette amitié sur le front que j'adore !
Puisqu'il est vrai que vers ton couchant qui se dore
J'ai brûlé comme encens mon cœur de chaque jour,
Montagne, sache ici retenir mon amour !
Comme un tendre tapis qui de fleurs se veloute,
Déroule sous ses pas la blancheur de tes routes ;
Tends sur son front charmant, pour qu'il soit préservé,
Tous les ciels les plus beaux qu'il peut avoir rêvés :
Ordonne à tes cailloux de l'aimer ; accoutume
Tes immenses brouillards et tes petites brumes
À fondre doucement au-devant de ses pas ;
Sois fière de mûrir les fruits de ses repas ;
Garde toujours, à ses moindres caprices prête,
Un ver-luisant pour allumer sa cigarette,
Un œillet pour flamber sur son revers qui luit ;
S'il aime les bijoux, par hasard, donne-lui
Toutes tes gouttes d'eau tremblantes sur des toiles ;
S'il veut faire un souhait, fais glisser une étoile ;
Et, s'il veut que l'étoile aille jusqu'à sa main,
Allume une anémone au bord de son chemin ;
S'il dit que ton soleil est trop chaud, vite verse
Ta fraîche pluie ; et, s'il se plaint de ton averse,
Dépêche-toi d'avoir sur ton horizon gris
Un de ces arcs-en-ciel qui font jeter des cris !
Si jamais ses regards t'apparaissaient moroses,
Prends, pour recolorer autour de lui les choses,
Ce bleu que tu gardais pour l'aile de tes geais ;
Conseille-le ; parle avec lui de ses projets ;

Et sois-lui généreuse autant que familière :
S'il demande un ruisseau, propose deux rivières ;
S'il cherche une églantine, apporte trois rosiers ;
Que tes plus fiers sommets, comme des brins d'osier
Ployés autour de lui par un pieux mensonge,
Prennent exactement la courbe de ses songes ;
Transforme, s'il le faut, tous les rythmes connus
Si du soleil de moins fait qu'il rêve un peu plus ;
Assure-lui l'ombrage et montre-lui la source ;
S'il veut aller plus loin, accompagne sa course
D'un beau nuage clair qui ne peut plus changer ;
Souligne le plaisir ; signale le danger ;
Réponds s'il interroge, et, lorsqu'il parle, écoute ;
Arrange-toi toujours pour qu'il ait sur sa route,
Le matin de l'orgueil, le soir une chanson ;
Porte pour lui toujours une rose au buisson ;
Quand tu le vois passer, pense comme je l'aime !
Et ne le pique pas avec tes ronces, même
S'il cueillait, pris un jour d'un infidèle émoi,
Une fleur qui serait pour une autre que moi !

IV

Mais tout cela, d'ailleurs, c'est peu pour ma tendresse !
Qu'est-ce qu'un arc-en-ciel plus ou moins vaste ? Qu'est-ce
Qu'une fleur au jardin ou qu'une étoile au jour,
Quand je voudrais offrir le monde à mon amour ?
Montagne, tâche un peu, lorsqu'à toi je m'adresse,
Qu'entre deux cyprès noirs il rencontre la Grèce ;
Essaye de lui tendre, entre deux chênes verts,
L'Écosse diaphane aux châteaux entr'ouverts ;
Profite des matins ou tu te sens jolie

Pour imiter, à droite, un coteau d'Italie ;
Et lorsque, pour avoir respiré des genêts,
Tu devines, tu crois, tu vois, tu reconnais,
Que le rêve en ses yeux prend des couleurs d'Espagne,
Fais un terrible effort, ô naïve Montagne,
Pour assombrir ton val, à gauche, et tes ravins ;
Comprends que je voudrais qu'il les trouvât divins
Les pauvres jeux, hélas trop sagement fantasques,
De tes ciels qui ne sont jamais que des ciels basques ;
Comprends que je voudrais qu'il n'imaginât pas
D'arbres plus merveilleux que tes vieux arbres bas ;
Qu'il ne désirât plus au monde d'autre rive
Que celle de l'Adour et celle de la Nive ;
Et que, dans ta douceur, enfin, il découvrît
La force d'oublier tous les autres pays !

V

Qu'importe un jour de pleur ! qu'importe un jour de pluie !
Tout est bien si mon cœur contre le tien s'appuie,
Et si le crépuscule allume doucement
Une étoile en nos cœurs et mille au firmament.
C'est le bonheur qui met des oiseaux dans les branches…
Tout est bien si, dans l'air exalté des dimanches,
Où, fumée et chanson, la cloche et l'encensoir
D'un même mouvement s'élancent jusqu'au soir,
Je te sens avec moi dans le repos qui chante,
Et si le front léger de chaque jeune plante
Peut entendre son nom prononcé par ta voix ;
Tout le reste n'est rien... Tout est bien si, parfois,
Parmi tant de vertige où tant de soleil brille,
Comme on refermerait gravement une grille,

L'été, d'un geste d'or qui défend l'avenir,
Ferme derrière nous l'ombre du souvenir ;
Et, quand parfois la pluie un instant nous visite
Sans avoir même pu mettre l'azur en fuite,
Tout est bien si je vois l'arc-en-ciel merveilleux
Une fois dans le ciel et deux fois dans tes yeux !

VI

Miracle merveilleux qui s'élance et qui tremble,
N'est-ce pas à l'amour que l'arc-en-ciel ressemble ?
Chef-d'œuvre qui sait rendre un instant éternel,
N'est-ce pas que l'amour ressemble à l'arc-en-ciel ?
De loin, c'est tout le prisme exaspéré qui danse
Dans un rayonnement de joie et de couleurs…
Et lorsqu'on se rapproche, il reste trois nuances :
Il n'y a plus qu'un rêve, un baiser, et des pleurs !

VII

Mais laissons l'arc-en-ciel et mes comparaisons !...
Et revenons, de grâce, à ce que nous disions :
Tu m'entendais ?... oui, je parlais à la montagne !
Je voulais que partout son ombre t'accompagne,
Que son soleil léger te garde autour de moi.
Tu m'entendais ?... oui je voulais, avec ma voix,
Toucher cet horizon, ce ciel couleur de jade…
J'aurais voulu trouver les mots qui persuadent.
Et peut-être d'ailleurs que je les ai trouvés,
Car le ciel est si pur qu'on croit l'avoir rêvé.
Tous ces jours-ci, pendant des heures infinies,
Le golfe de Gascogne envoyait de la pluie,

Et l'averse tombait en écrasant les fleurs.
Le fond de l'horizon n'avait plus de couleur.
Il pleuvait... il pleuvait... c'était comme un déluge…
Les fleurs n'avaient pas de repos, ni de refuge.
Mais maintenant tout le jardin semble lavé,
Et le ciel est si pur qu'on croit l'avoir rêvé.
Tu ne peux pas partir avec ce ciel céleste,
C'est un ciel incroyable, un ciel qui fait qu'on reste,
Car, en le regardant, on comprend aussitôt
Que nulle part ailleurs il ne fait aussi beau !

VIII

Il fait si beau que l'ombre est pleine de soleil !
Le jour touche à sa fin, rassurant et vermeil.
— Entends-tu les grillons chanter sous le ciel rose ? —
N'est-ce pas qu'il est bleu cet oiseau qui se pose
Sur cet arbre là-bas ? et n'est-ce pas, qu'au loin,
Cette fragile voix qui fredonne un refrain
Semble vraiment la voix de l'heure qui s'éloigne ?…
Le soleil fut doré ; toute l'ombre en témoigne.
Les arbres nonchalants ont déjà, sur leurs pieds,
Ce brouillard qui, si vite, efface les sentiers ;
— Entends-tu les grillons chanter sous le ciel rose ? —
Et la nuit, qui bientôt descendra sur les choses,
Ne semble même pas la fin d'un jour qui meurt,
Mais l'immense abat-jour qui garde le bonheur !

IX

Malgré l'horizon rose et le chant des grillons,
J'ai peur ! Car je ne suis pas cette Cendrillon
Qui s'en allait un soir de diamants coiffée,
Je n'ai pas pour marraine, hélas, la moindre fée,
Et je n'ai pas perdu à minuit dans un bal
Une pantoufle de fourrure ou de cristal ;
J'ai peur ! malgré l'air pur et la douceur des branches,
Car je ne suis, hélas, pas cette chatte blanche,
Plus blanche que le lys, la perle, et le jasmin,
Dans ce palais profond où de volantes mains
Cuisaient des ortolans et refermaient les portes ;
J'ai peur ! Car je ne suis pas la vivante morte
Si parfaitement sage en un cercueil fleuri
Et dont les yeux ouverts distinguaient chaque nuit
Les gnomes qui gardaient son sommeil diaphane ;
J'ai peur ! car je n'ai pas les robes de Peau-d'Âne,
Je n'ai pas pour m'enfuir un célèbre manteau
Et, si ma bague d'or tombait dans un gâteau,
C'est que mon cœur aussi serait dans la farine ;
Hélas, je ne suis pas, non plus, cette Florine
Qu'aimait un oiseau bleu ; ni cette reine encor
Qui cernait une ville avec ses cheveux d'or ;
Je ne suis pas, parmi les cuisiniers en troupe,
L'amante au front léger de Riquet-à-la-houppe ;
Et, bien que je t'adore et que tu sois charmant,
Je ne suis pas, hélas, la Belle-au-bois-dormant.
Lorsque je me promène à l'ombre des feuillages,
Je n'ai pas, pour porter mon manteau, quatre pages,
Ni même un écuyer habillé d'argent fin ;
Je ne sais pas, sitôt que tu me dis : « J'ai faim ! »
Faire sortir de terre une table servie ;
Quand je traverse un bois, je ne suis pas suivie

Par un grand enchanteur amoureux et jaloux
Qui m'éclaire la route avec les yeux des loups ;
Je ne reçois jamais, dans une noix bien ronde,
Le chien le plus petit et le plus beau du monde,
Et ne m'envole pas au milieu d'un discours
Dans un char de rubis trainé par des amours !
Et quand je pense, hélas, que toutes ces princesses,
Toujours jeunes, et qui rajeunissaient sans cesse,
Avaient, pour conserver le cœur de leurs amants,
Tant d'enchanteurs, de fleurs, de chars, de talismans,
Tant de métamorphose et de métempsychose[1]
Et de manteaux de lune et de chapeaux de roses
Et, pour se faire encor les yeux plus éclatants,
De merveilleux sommeils qui respiraient cent ans, —
Comment ne veux-tu pas que je sois terrassée,
Moi qui n'ai, pour garder ton âme et ta pensée,
Pour enchanter ton cœur et pour le retenir,
Qu'un misérable corps qui doit bientôt mourir !

X

Il m'aime !... Cette chose incroyable est certaine.
Et vous ne pouvez plus, ô montagne hautaine,
Cacher le ciel car tout le ciel est dans mon cœur.
Tandis qu'il s'éloignait, je regarde une fleur,
La plus superbe... et, la regardant bien en face,
Je lui dis : Pauvre fleur, hélas, quoi que tu fasses
Il t'aimera toujours moins que moi. Je te plains.
Saison, tu peux fleurir. Bois, tu peux être plein
De feuilles d'or. Tu peux, ô route violette,

---

[1] Métempsychose : réincarnation de l'âme après la mort dans un corps humain, ou dans celui d'un animal ou dans un végétal. *(Larousse)*

Faire tinter la virgilienne clochette

Qui rythme chaque pas attelé de tes bœufs,

Rien ne me reprendra le cher cœur amoureux.

Ni toi, vieux mur si noir qui t'habilles de lierre,

Ni toi, lointain si bleu qu'on voit du cimetière,

Ni toi, maison si blanche entre les peupliers.

Grands arbres, vous pouvez gémir et vous plier

Sous le vent frémissant, et tu peux, pauvre rose,

Être la rose blanche ou bien la rose rose,

Venir d'un bois de mai ou d'un jardin d'avril,

Tu n'auras pas son cœur !

XI

Depuis quand m'aime-t-il ?

XII

Depuis quand m'aime-t-il ?... Ô mémoire d'amour,

Apprends-le moi ! Depuis quel mois ? Depuis quel jour ?

Est-ce depuis l'instant tout assombri de lierre

Où le feuillage ému pesait sur la lumière,

Ou bien depuis cette heure où, restés seuls tous deux,

Nous avons oublié de nous quitter des yeux ?

Est-ce depuis le soir où, sur le paysage,

Éclata brusquement ce trop injuste orage ?

Est-ce depuis le jour qu'il faisait si beau temps ?

Est-ce depuis toujours ? Est-ce depuis longtemps ?...

XIII

Ah ! si depuis longtemps, ô mon Amour, tu m'aimes ;

Ah ! si depuis longtemps tu sentais en toi-même

Le bruit mystérieux que fait un cœur doublé ;

Si tu m'aimais déjà quand on coupait les blés ;

Si tu m'aimais déjà quand les belles cerises

Pendaient aux cerisiers et quand, parmi la brise,

La première violette aux yeux tout clignotants

Prenait l'air de quelqu'un qui connaît le printemps ;

Si tu m'aimais déjà lorsque les primevères,

Au-dessus du petit corselet qui les serre,

Étalaient comme un col exquis d'or festonné

Les cinq pétales frais de leur cœur nouveau-né ;

Si tu m'aimais déjà lorsque l'avoine tremble ;

Si tu m'aimais lorsque le sol bruni ressemble

— Couvert de cette neige aux flocons hésitants

Qu'avril fait doucement pleuvoir des nids chantants —

Au manteau moucheté de blanc d'une antilope ;

Si tu m'aimais déjà lorsque l'héliotrope[2]

Vanille éperdument le soir qui s'attiédit,

Ah ! c'est un crime affreux de n'en avoir rien dit,

Et mon âme longtemps t'en gardera rancune.

Car, de toutes les fleurs, je n'en voyais aucune ;

Pas un iris ne fut caressé par mes doigts ;

Je n'ai rien eu de tout le jardin !... tu me dois

Je ne sais pas combien de merveilleuses choses :

Quatre cent vingt-deux lys et huit cent trente roses,

Et mille insectes verts endormis sur des fleurs ;

Tu me dois des œillets de toutes les couleurs ;

Tu me dois des matins remplis d'or qui circule

[2] Héliotrope : herbe ornementale (borraginacée) aux petites fleurs odorantes, bleues ou blanches, réunies en cymes. (Il lui faut de la chaleur et beaucoup d'eau.). *(Larousse)*

Et des belles-de-jour mourant au crépuscule ;
Tu me dois le premier bourgeon réaperçu ;
Le premier gland tombé sur le sentier moussu ;
Tu me dois le goût frais des premières framboises ;
Le contour velouté d'un coteau qui se boise ;
Le parfum d'un printemps sur lequel il a plu.
Tu me dois tout cela car je ne l'ai pas eu.
Je n'ai pas eu l'amusement de te sourire
À chaque branche en fleur d'un arbuste en délire,
Ni l'émoi de te tendre, en ne souriant plus,
Le brin de menthe frais que mes dents ont mordu !

XIV

Et, dire que ces fleurs, ces pommiers et ces roses,
Ces émerveillements et ces métamorphoses,
Ces bombyx d'émeraude en des iris cachés ;
Dire que ces matins où, le long des pêchers,
On va, marchant un peu sur les bordures fraîches,
Tâter légèrement, du doigt, l'âge des pêches ;
Et dire que ces soirs où l'on cause en rêvant
Sur la grande terrasse où ne vient plus le vent,
— Cependant qu'à côté des volants des toilettes
Brûlent des petits bouts jetés de cigarettes
Qui semblent, sur le sol, des rouges vers-luisants ; —
Dire que ces midis profonds et séduisants
Où le beau temps en nous chante comme une flûte ;
Que tant de ciels pâlis et de vives minutes ;
Dire qu'avril tout vert et juillet tout rosé,
Tant de fleurs, tant d'oiseaux sur tant d'arbres posés,
Tant de bourgeons d'or brun, tant de petites pousses,

Tant d'insectes brillants renversés sur la mousse,
Tant de pins dont le sang coule en sucre candi…
Tenaient dans un seul mot que tu n'avais pas dit !

XV

Mais tu l'as dit le mot qui charme et qui délivre !...
Je ne voyais plus rien. Je ne voulais plus vivre.
Quand le rêve passait, je ne lui parlais pas.
Je crois même qu'un jour j'appelai le trépas
Avec un cœur brisé dans une voix mourante.
Les fleurs… les animaux… la minute tremblante…
Et le vieux bûcheron de la vieille forêt,
Se demandaient comment tout cela finirait ;
Oui ! le vieux bûcheron des forêts éternelles
Qui sait que la mort vient partais quand on l'appelle
S'inquiétait des cris de tout mon désespoir…
Mais un soir — cependant pareil aux autres soirs —
Un soir où l'eau semblait plus pâle que les marbres,
Voilà que brusquement en passant sous un arbre
— Un arbre comme un autre — éclata près de moi
Le mot miraculeux et répété trois fois !

XVI

Et tout est revenu : la vie et les corolles.
Tu m'as rendu les fleurs avec une parole.
Avec un simple mot tu m'as tout redonné :
Le bleu de la colline, et le rose étonné
Des cyclamens penchés sur le talus de mousse.
Que le ciel est brillant et que la terre est douce !
Que de splendeurs partout que je ne voyais pas !

31

Eh quoi, cette glycine avait tendu ses bras
Mauves vers le balcon ? Ces genêts de lumière
Avaient, en allumant toute leur flamme claire,
Refait de ce vieux mont tout un bûcher fleuri ?
Et je ne voyais rien ! Quoi, je n'ai pas souri
Quand les hortensias, d'où l'été se détache,
Sont soudain devenus d'un pâle vert pistache,
D'un vert où reste encore un souvenir de bleu ?
Quoi, j'ai laissé disparaître sans un adieu
Le rosier du balcon qui dans le froid persiste ?
Et les petits crocus, ciboires d'améthyste
Que la terre d'automne élève en ses doigts roux,
N'auront pas, cette fois, entendu les cris fous
Dont, lorsque je les vois, toujours je les accueille ?
Et maintenant je vois tout : les fleurs et les feuilles.
Je vois le fond du ciel et le fond de ton cœur…
Chaque instant maintenant ressuscite une fleur !

XVII

Ah viens ! viens regarder comme cette heure est douce !
Promenons-nous sur tous les beaux tapis de mousse.
Respirons la petite odeur mauve du thym.
Laissons dans le vent chaud s'approcher le lointain.
Car, tout le long du pré qui va vers la bruyère,
Tout le long du ruisseau qui va vers la rivière,
Et jusqu'à ces trois croix que d'ici nous voyons,
L'air a le goût de joie… et la vieille maison,
Que toujours en sortant je croisais sur la route,
Ne hoche plus son toit ainsi qu'un front qui doute.
La saison brusquement ressemble au paradis.
Je me rappelle tous les mots que tu m'as dits ;

Ils s'envolent ainsi que des oiseaux de flamme…
L'un avait la couleur exacte de ton âme ;
Et l'autre la couleur-de-me-faire-plaisir.
— Bonheur de rire encor lorsqu'on croyait mourir !
Sur l'eau, où deux bateaux se balancent ensemble,
Le soleil a tracé deux chemins d'or qui tremblent.
Les brouillards méfiants qui fuyaient les sentiers
Reviennent maintenant aux pieds des églantiers.
Notre émerveillement n'a pas besoin de preuve…
Mais nous irons là-bas nous mirer dans le fleuve ;
Car le plus pur miroir ne pourrait l'être assez
Pour refléter des yeux où l'amour a passé !

XVIII

Rappelle-toi, quand nous avons longé le fleuve
Ces deux bateaux liés par une corde neuve :
L'un vert et l'autre gris, ils glissaient tous les deux,
Et fendaient doucement les clapotements bleus.
Ils glissaient. On voyait leurs silhouettes vives
Pousser les plis de l'eau jusqu'aux palmes des rives.
Nous les avons longtemps suivis des yeux, tu sais !
Et, lorsqu'un des bateaux ne pouvait plus passer,
Se laissant retenir par quelque herbe marine,
L'autre se rapprochait d'une coque câline,
Dansait plus près de lui, semblait parler plus bas,
Et dire : « Je suis là. Je ne te quitte pas.
Je reste. J'attendrai, pour passer, que tu passes.
Notre corde a le nœud sacré que rien ne casse.
Qu'importe le varech sournois qui te retient ?
Je suis là. Je t'attends en dansant. Tout est bien.
D'ailleurs, nous passerons sûrement tout à l'heure ! »

En effet, sous le coup d'une brise meilleure
Qui venait de très loin peut-être à son secours,
Le captif déchirait le bouquet d'herbes lourd
Qui le tenait encore ; et, d'une course alerte,
La barque grise et, près d'elle, la barque verte,
Plus vaillantes après cet obstacle brisé,
S'en allaient, séparant le doux fleuve rosé
Dont l'eau se refermait pour effacer leur marque...

Il ne faudra jamais oublier ces deux barques !

XIX

Lorsque je te parlais avec ma tendre voix
L'étoile du cyprès qui peut-être nous voit
Semblait dire avec ses rayons : « Quoi ! peut-on faire
Avec rien que des mots trembler de la lumière ?... »
Lorsque je te parlais avec mon cœur tremblant,
La colombe, qui, sur son fatal velours blanc
Porte comme un bijou son âme poignardée,
D'un regard presque féminin m'a regardée,
Et son œil semblait dire en me regardant : « Quoi !
Peut-on mettre son cœur, en parlant, dans sa voix,
Comme je mets le mien dans mon gosier qui chante ?...

XX

Tu serais étonné si — comme on voit les plantes,
Les astres, les oiseaux — tu pouvais voir mon cœur
Et, prenant brusquement ce petit air moqueur
Que tu portes parfois sur l'émoi de ton âme,
Tu t'écrierais : « Est-il possible qu'une femme

Ait dans le cœur si peu de robes ? de chapeaux ?
Et que ce cœur soit naturel comme un troupeau,
Et qu'il soit sombre aussi comme le cœur du lierre ?
Qu'il ait des mouvements limpides de rivière ?
Et qu'on n'y trouve pas, dans la suite des jours,
Une autre vanité humaine que l'amour ? »

XXI

Tu me cherchais partout dans cette nuit si belle...
Ne cherche pas !

               Je suis avec les coccinelles.
Oh ! regarde courir celle-ci sur mon bras.
On ne peut pas compter le nombre de ses pas :
Elle court ! elle glisse ! elle tourne ! elle danse !
Elle rêve... elle écoute un peu sa conscience.
Faut-il escalader le ciel ou le gazon ?
Où donc est la folie ? où donc est la raison ?
Faut-il trembler ? faut-il monter ? faut-il descendre ?
Faut-il avoir une âme ou trop triste ou trop tendre ?
Faut-il donner sa vie ou bien donner son cœur ?
... Le ciel s'est assombri...

               « Coccinelle, ma sœur,
Quelle-est donc brusquement cette minute sombre ?
Nous étions au soleil et nous voici dans l'ombre.
Il a suffi d'un mot... il a suffi d'un rien...
Qu'est-ce que nous disions ? ah oui, je me souviens :
Donner sa vie ou bien son cœur ?

            ... mais je suppose
Que c'est exactement, hélas, la même chose !

XXII

La même chose... car, en moins d'une seconde,
Voici que ce jardin est devenu le monde...
La même chose... car voici que chaque instant
N'est plus qu'un battement de tout mon cœur battant.
Il n'y a plus de jour, plus d'heure bleue ou grise ;
Il n'y a, tout le temps, sur mon cœur qui se brise,
Que ces instants frappés du matin jusqu'au soir :
Instant presque de joie... presque de désespoir...
Instant presque mortel... instant presque suprême...
Ah ! je te remercie et je t'en veux !

XXIII

Je t'aime...

LA SEMAINE

LUNDI

…Tout recommence : le silence,
Le bruit, la fleur dans le buisson.
L'air recommence sa romance ;
L'eau recommence sa chanson.

La fenêtre entr'ouvre ses charmes ;
L'espoir danse sur un pied bleu.
La joue a retrouvé les larmes ;
La cendre a retrouvé le feu

L'illusion reprend son masque ;
Et l'heure, qui nous tourne autour,
Sonne, avec son tambour de basque,
Le battement de cœur du jour !

MARDI ET MERCREDI

Loyalement, ils se partagent
Tout ce qu'on fait, tout ce qu'on dit.
Mêmes soleils, mêmes nuages :
Mardi c'est presque Mercredi.

« Quand irons-nous sous l'arbre rose ?
Mardi ? Mercredi ?... — Mon Amour,
C'est à peu près la même chose… »
Mais, hélas, il y a toujours

Entre leurs fronts qui se ressemblent
Assez de place pour un pleur…
Et, quand Mardi croit au bonheur,
Déjà c'est Mercredi qui tremble !

JEUDI

Tout sort (c'est le jour de sortie),
Les fleurs, les chapeaux, les pensions :
« Il fait », disent les rues fleuries,
« Plus doux que nous le pensions. »

Qui met dans l'air tant de paroles ?
Sont-ce les enfants envolés ?
Ou les oiseaux de cette école
Où le geai apprend à parler ?

Ah ! sortons aussi ma chère âme,
Cherchons ce que l'amour promet :
Une aile ? une étoile ? une rame ?
Sortons… et ne rentrons jamais !

VENDREDI

« Viens déjeuner ? — Non, sur les fraises,
L'araignée a passé trop tôt.
— Viens dîner ? — J'ai peur qu'on soit treize.
— Sortons ? — Non, j'ai vu trois corbeaux.

— Soit, restons. Mais pour mon délire,
Laisse tes chers yeux s'égayer.
— Vendredi, il ne faut pas rire,
Car, Dimanche, il faudrait pleurer.

— Mais laisse-moi, de ces alarmes,
Au moins te consoler ce soir ?
— Non ! car interrompre une larme,
C'est presque briser un miroir ! »

SAMEDI

Des mouches, à travers les branches,
Volent sur un ciel orangé ;
Et, comme c'est demain Dimanche,
Tous les pots de fleurs sont rangés.

Une superstitieuse rose,
Pour venir au monde attendit
Que le ciel d'aujourd'hui l'arrose,
Car c'était hier Vendredi.

Entre hier, dont on tremble encore,
Et demain, chantant tout autour,
Je me rassure et je t'adore
En ignorant le nom du jour !

DIMANCHE

C'est le passé qui se dérobe
Dans un brouillard tout ébloui ;
C'est un bouquet ; c'est une robe
Qu'on a cousue toute la nuit.

C'est quelque blanche éclaboussure
De printemps dans les autres mois ;
Des violettes dans les voitures,
Et des voilettes dans les bois.

Des oiseaux… des cloches… des branches…
C'est éternel. C'est blanc. C'est bleu.
— Mais comme il faut s'aimer, mon Dieu,
Pour s'aimer encor le Dimanche !

LE MYOSOTIS

« Plus je vous voie, plus je soupire »
Dit une fleur qui sait parler…
Et je t'offre, avec mon sourire,
Des yeux qui t'ont toujours aimé.

« N'oubliez jamais votre amour »
Dit encor la fleur qui s'alarme…
Et je te donne, avec mes larmes,
Des yeux qui t'aimeront toujours !

LE RUBAN BLEU

Vous partiez, plus loin que Bayonne,
Plus loin que Dantchérinéa,
Dans cette Espagne qui rayonne
Comme un noir mystère là-bas.

Nous marchions, suivis dans l'air rose
Par deux sphex[3] et trois papillons ;
Nous avions tellement de choses
À dire que nous nous taisions.

Mais, devant la petite gare,
En attendant le train d'été
— Serpent sifflant qui nous sépare —
Vous criâtes : « Ah ! permettez

Qu'un désir de vous m'accompagne ;
Le voyage me sera doux
Si, dans cette ville d'Espagne,
Je m'arrête un instant pour vous.

Voulez-vous, ô ma bien-aimée
Que je vous rapporte des fleurs ?
Elles seront plus parfumées
De venir d'un jardin d'ailleurs…

Voulez-vous des soies et des laines
Pour les broder en souriant ?
Un grand éventail madrilène ?
Un petit foulard castillan ?

---

[3] Sphex : grand hyménoptère voisin des guêpes. *(Larousse)*

41

Un châle environné de franges ?
Une mantille[4] au point changeant ?
Une boîte de ces oranges
Qui sont dans les robes d'argent ?

Voulez-vous, pour votre main pâle,
Des castagnettes couleur d'or ?
Ou, sur une carte postale,
Le portrait d'un Toréador ?

Voulez-vous ce raisin de cire
Dont le goût de musc est si fin
Qu'on ne sait, quand on le respire,
Si c'est du fruit ou du parfum ?

Préférez-vous un dé à coudre
Pour coiffer le doigt du milieu ?
Ou de ce riz qu'on met en poudre ?
Ou de ce noir qu'on met aux yeux ?

Voulez-vous un peigne en dentelle
Une cruche aux fraîcheurs de puits ?
Du chocolat à la cannelle ?
Du vin qui sent le soleil cuit ?

Faut-il qu'à l'ombre des arcades
J'arrache aux grenadiers du sol
Une de ces fleurs de grenade
Que devait aimer Doña Sol[5], —

---

[4] Mantille : écharpe de dentelle ou de soie, ordinairement noire, dont les Espagnoles se couvrent la tête. *(Larousse)*

[5] Doña Sol : amante de Hernani dans la pièce de théâtre de Victor HUGO. *(Larousse)*

Ou qu'au coin du pont je m'arrête
Pour retrouver, s'il en resta,
Une des blondes cigarettes
Que fumait la Carmencita[6] ?

Voulez-vous encore autre chose ?
Le noir chapelet d'Orviedo ?
Ou l'échaudé de sucre rose
Qui fond subitement dans l'eau ?

Ah ! daignez avoir un caprice !...
Si l'on chantait aux alentours,
Faudrait-il dans l'air que je prisse
Le plus triste refrain d'amour ?

Voulez-vous que chez le libraire
Je prenne le dernier roman ?
Ou qu'enfin, au quai de lumière,
J'achète à l'éternel marchand,

Qui vend aussi devant sa porte
Des oiseaux plus beaux que le soir,
Un cœur espagnol que l'on porte
Équilibré sur un poignard ?

Voulez-vous... » Un papillon brusque
Tourna dans l'air comme un fakir...
« Non ! le beau raisin qui se musque
Ne me ferait aucun plaisir ;

---

[6] Carmencita : Carmencita est une danseuse espagnole (née Carmen Dauset Moreno en 1868 à Almería et décédée en 1910) connue dans le milieu du music-hall et du café-concert au début du XXe siècle. *(Wikipédia)*

Non !... » fis-je, « ni lui, ni rien d'autre… »
Un papillon vola plus loin…
« Un roman ?... n'ai-je pas le nôtre ?
Un cœur ?... mais n'ai-je pas le tien ?

Et je n'ai plus… (le troisième
Papillon s'envola tout droit)
… Plus d'oiseaux depuis que je t'aime
Car c'est l'amour qui chante en moi.

Mais je veux…. (l'angoisse du fleuve
Luisait dans mes yeux curieux)
Aujourd'hui tenter une épreuve
Tendre et terrible… oui, je veux…

— Et nul objet d'aucune sorte
Ne me semblerait plus charmant —
Oui, je veux que tu m'apportes
Un simple mètre de ruban.

Mais ce ruban auquel je pense
Il le faut, pour être à mon goût,
Exactement de la nuance
Du ciel qui tremble autour de nous. »

Tu riais d'un petit air brave…
« Ne ris pas ! ô mon Amoureux,
Car rien jamais ne fut si grave
Que ce mètre de ruban bleu…

Rien !... car je mourrais, il me semble,
Si, par une fatale erreur,
Un ciel que nous voyons ensemble
Était différent dans nos cœurs !

JOUR DE DOUTE

M'aimes-tu ? ne m'aimes-tu pas ?
Assez de ce jeu qui me brise !
Si tu m'aimes, dis-le tout bas
Au bleuet ou bien à la brise ;

Car la brise, dans mes cheveux,
Saura souffler le mot superbe,
Et le bleuet, du fond de l'herbe,
Me le tendra de ses doigts bleus.

Si tu m'aimes, griffe d'un signe,
Avec tes yeux de diamant,
Le fleuve, ce miroir des cygnes...
Si tu ne m'aimes pas, va-t'en !

N'attends pas un jour, pas une heure !
Pars avant le vingt-et-un juin :
Avant que l'été ne m'effleure
De son éventail de jasmin ;

Avant que les calcéolaires[7]
N'aient regonflé, roses et blonds,
Pour y mettre de la lumière
Ces sabots qui sont des ballons ;

Pars avant que l'eau de la source
N'ait recueilli mes pleurs ; avant
Que tous les yeux de la grande Ourse
N'aient rendu le ciel plus tremblant ;

---

[7] Calcéolaires : belle scrofulariacée ornementale, aux fleurs jaunes ou rouges en forme de sabot. *(Larousse)*

Avant que l'herbe ne soit pleine
De ces insectes qui brillaient ;
Pars vite avant que la verveine
N'ait pris le parfum de l'œillet ;

Avant que sur les chrysanthèmes
Le Japon ne soit revenu ;
Hier j'étais sûre que tu m'aimes
Aujourd'hui je ne le sais plus.

Pars avant que l'air ne se dore
De ce mimosa qui reluit ;
Hier je croyais que tu m'adores,
Je n'en suis plus sûre aujourd'hui.

Je vois bien à travers mes larmes,
Dans aujourd'hui, dans autrefois,
Ton amitié pleine de charme
Serrer mes doigts avec tes doigts ;

Je vois bien, douceur infinie,
Tes pas se mêler à mes pas ;
Mais, pour que je sois ton amie,
Il faudrait… il ne faudrait pas…

Il faudrait quant tes yeux se lèvent
Que leur éclair fût moins soudain,
Il ne faudrait pas que mon rêve
Passât par un si grand jardin ;

Il faudrait, de la nuit surprise,
Ôter l'oiseau mystérieux,
Il ne faudrait pas que la brise
Eût d'abord caressé tes yeux ;

Il faudrait que les feuilles mortes
Eussent moins de fausse douceur,
Il ne faudrait pas que la porte
Quand tu l'ouvres brisât mon cœur ;

Il faudrait qu'un destin suprême
Vint au secours de notre émoi ;
Il faudrait n'être pas toi-même,
Et que moi, je ne sois pas moi…

Mais puisque, sous ce beau ciel morne,
Tout nous défend cette amitié…
Tout ! et jusqu'à ces mots sans borne
Qu'hélas je viens de prononcer ;

Restons dans le jour qui s'attarde,
Restons dans l'odeur des rosiers,
Deux ennemis qui se regardent
Avec des yeux extasiés…

Car je jure sur les étoiles
Et sur mes rêves éblouis
Et sur nos deux fronts aussi pâles
Que le pâle rayon des nuits, —

Je jure sur la symphonie
Des arbres brisés par le vent,
Que je ne suis pas ton amie…
Mais que je t'aime éperdument !

JOUR DE SOLEIL
OU
LES QUATRE CHEMINS

Viens ! partons pour un voyage !
N'emportons, pour quelques jours,
Que nos rires pour bagage,
Car les larmes, c'est trop lourd !

Viens ! l'air sent presque la menthe
Et pas tout à fait le thym ;
Et la nature est charmante
Dans sa robe du matin.

Trouvant l'herbe un peu suspecte,
Les lapins se sont cachés ;
Et les fleurs ont des insectes
Dont le poids les fait pencher.

Viens ! Lorsqu'un rêve se sauve,
Il faut le suivre… Partons !
La montagne presque mauve
A des taches de moutons ;

Viens ! je t'aime et tu me mènes !
Parle ! et je prendrai ta main.
Partons pour vingt-deux semaines…
Et nous reviendrons demain.

Laissons la locomotive
Aux sifflements ennuyeux,
Car assez tôt l'on arrive
Lorsqu'on s'arrête où l'on veut ;

Pas non plus d'automobile,
Car c'est l'heure de laisser
La poussière un peu tranquille
Dormir au bord des fossés.

Vraiment, le monde exagère ;
À pied, l'on voyage mieux ;
En marchant dans la fougère,
On va jusqu'au bord des cieux.

Déjà plusieurs sauterelles,
Qui sautent haut dans le pré,
Nous disent avec leurs ailes
Qu'il fait chaud, rose, et doré !

Mais, si tu ne veux pas suivre
Le sentier qui va tournant
Dans les fougères de cuivre
S'il te déplaît maintenant

Que nous voyagions par terre,
Prenons ce petit bateau,
Nous descendrons la rivière
Qui court entre les coteaux ;

Puisque tu connais mon âme,
Puisque, dans cette eau qui court,
On voit trembler une rame
Moins folle que mon amour ;

Puisqu'en suivant cette rive
Qui passe entre ces deux monts
On s'assure qu'il arrive
De rencontrer des saumons ;

Viens pêcher pour le Carême
Des poissons dans l'eau qui luit…
Je veux que toujours tu m'aimes
Comme je t'aime aujourd'hui.

Le fleuve est heureux de vivre.
Le bonheur est n'importe où.
Les amoureux dans les livres
S'aiment beaucoup moins que nous.

Viens ! sitôt que du mystère
Surgira d'un frais décor,
Nous redescendrons à terre
Sur quatre cents boutons d'or ;

Sur un tapis de pervenches
Nous déjeunerons un peu ;
Tu coifferas une branche
De ton béret de drap bleu ;

J'aurai jeté mon écharpe
Sur un cerisier fleuri ;
La brise est presque une harpe
Quand l'amour est infini ;

Tu prendras ta cigarette
D'un certain geste charmant ;
Sans cueillir de pâquerette,
Je dirai : « Passionnément » ;

Et, pour éviter peut-être
Les malentendus affreux,
Nos âmes viendront se mettre
Aux fenêtres de nos yeux !

Viens ! il n'y a plus de doute…
Partons, le temps est trop beau.
Je t'ai proposé deux routes :
La montagne et le ruisseau.

Le pays qui nous entoure,
Je le connais tout entier.
Pour aller jusqu'à Ciboure,
Je trouverais vingt sentiers…

Mais mon pauvre cœur trop tendre
Se perd en touchant ta main,
Et je n'ai jamais su prendre
Vers toi par quatre chemins !

MIRACLE

I

Lorsque dix heures sonnèrent
Dans la belle nuit d'été,
Tout : les bêtes, la lumière,
Les roses, l'obscurité ;

Tout ce qui vivait sur terre
Douta de la vérité,
Lorsque dix heures sonnèrent
Dans la belle nuit d'été.

Car — redoutable mystère
Qui venait d'un seul baiser —
Neuf heures, au presbytère,
Venaient juste de sonner
Lorsque dix heures sonnèrent !

II

Nous ne le saurons jamais
Où cette heure s'est enfuie ?
Est-elle au lointain partie
Sur un oiseau qui passait ?

Fait-elle à présent partie
D'une étoile qui glissait ?
Nous ne le saurons jamais
Où cette heure s'est enfuie ?

N'est-elle, dans notre vie,
Qu'un frisson qui rapprochait
— Comme une ellipse infinie —
L'heure d'avant et d'après…
Nous ne le saurons jamais !

LE LILAS

Parmi le tapage des rues,
Dans un vieux jardin de Paris,
Qui, de ses branches éperdues,
Semblait supplier le ciel gris,

Lorsque mon cœur, dans mes prunelles,
S'illuminait d'avoir sept ans,
J'avais un amoureux fidèle
Qui revenait chaque printemps ;

L'hiver, il fallait que mon âme
L'attende, car pendant six mois,
Le cruel, à ma fraîche flamme,
N'offrait qu'un visage de bois ;

Mais sitôt que le froid se sauve,
Comme il savait avec ardeur
Me tendre ses petits doigts mauves
Et ses grands bras chargés de fleurs.

C'était — sublime arbre de France —
Un Lilas de Perse au pied noir ;
Ses parfums faisaient les avances ;
Sa beauté remplissait le soir ;

Il embaumait tout l'air qui passe
Avec ses bourgeons les plus chauds ;
Et, reprise par tant de grâce,
Moi, je lui revenais bientôt ;

Dès que, sur le vent qui balance,
Ses branches soupiraient un peu,
J'oubliais six mois de silence
Et je tombais sur son cœur bleu.

Alors il me disait : « Viens vite !
Toute mon ombre va fleurir.
Tu n'es qu'une pauvre petite
Et je voudrais te secourir ;

Moi, j'ai des feuilles et des branches ;
Toi, pour t'opposer au destin,
Tu n'as rien qu'une robe blanche
Avec deux souliers de satin…

Mais c'est assez ! car le mystère
Doit se porter d'un pas léger,
Et l'on ne possède sur terre,
Que tout ce que l'on a donné. »

Il disait : « Laisse, sur ta jupe,
Dormir les chenilles des bois,
Il vaut mieux cent fois être dupe
Que, méchante, une seule fois ;

Laisse le flot gagner la rive ;
Laisse le pré garder le foin ;
Sitôt que la malice arrive,
L'intelligence est déjà loin. »

Il disait encor d'autres choses ;
Car c'était un arbre inouï
Et qui causait comme ne cause
Aucun des arbres d'aujourd'hui.

Il disait : « L'existence est brève.
Le monde est rond et puéril.
On ne se repose qu'en rêve,
Et l'on ne rêve qu'en avril.

Donne ton cœur. Le cœur ne chante
Que pour se briser plus ou moins.
Si l'heure te devient méchante
Ah ! c'est que l'amour n'est pas loin... »

Puis, secouant tout son feuillage,
Il s'écriait alors : « Surtout... »
(Car n'ayant fait aucun voyage
Il semblait revenu de tout)

« ... Surtout, pas de trains : ils séparent !
Et les bateaux font naufrager.
Il faut, loin des quais et des gares,
Dans son propre cœur voyager ;

Il faut aller jusqu'à l'extrême
Dans son âme, jamais ailleurs...
Vois, quand je reviens de moi-même,
J'ai les bras tout chargés de fleurs ! »

Ah ! ce bel arbre philosophe,
Aime-le, toi que j'aime tant,
Car c'est lui qui, pour tant de strophes,
M'inspira de tous ses printemps.

Cet arbre où l'ombre se recueille,
Aime-le, cet arbre parleur,
Car c'est lui, de toutes ses feuilles,
Qui fit le grand feu de mon cœur.

Cet arbre qui vers moi se penche,
Aime-le, car tu comprendras
Que c'est lui, de toutes ses branches,
Qui m'a jetée entre tes bras !

L'ÉGLANTINE

Nous avions en courant descendu la colline…

Sur un buisson foncé luisait une églantine,
Mélancolique fleur sans parfum, ni rayons,
Qui n'arrête que rarement les papillons.
« Regardez cette rose ! et comme elle est jolie ! »
M'écriai-je…

        « Toujours », fit-il, « votre folie
De voir de la beauté quand il n'y en a pas ;
Ce n'est rien, c'est une églantine. »

                Mais, tout bas,
Car je ne voulais pas qu'elle puisse m'entendre :
« Nul bouquet ne la veut, nul parc ne vient la prendre ;
Elle est seule, elle peut se croire sans beauté…
Alors, moi, tu comprends, j'ai voulu la flatter ! »

CHANSON

Je crois que tu m'aimes un peu.
C'est déjà bien si tu le peux.
Le printemps fleurit la fenêtre ;
Un peu, mais c'est beaucoup peut-être.
Un peu, c'est bien ; beaucoup c'est mieux…
Combien de temps m'aimeras-tu un peu ?

C'est déjà fini. Maintenant
Tu m'aimes passionnément.
L'été brûlant pousse la porte ;
L'âme est faible et les fleurs sont fortes.
Tu m'aimes passionnément…
Combien de temps m'aimeras-tu autant ?

Tu dis, cher front touché du ciel,
Que ton amour est éternel.
Éternel c'est long, ma chère âme,
Bien long pour une telle flamme.
Les pleurs sont longs ; les jours sont courts…
Combien de temps m'aimeras-tu toujours ?

LA SEULE RAISON

Tu ne peux pas m'aimer rien que pour mes cheveux,
Qui sont de la couleur, à peu près, des châtaignes,
Ni parce que, vivant au jardin, ils s'imprègnent
D'un peu du parfum vert qui vient des arbres bleus ;

Tu ne peux pas m'aimer parce que, sur la route,
Je marche en récitant deux mille vers par cœur,
Ni parce qu'à présent je connais presque toutes
Les espèces d'oiseaux, d'insectes et de fleurs.

Hélas, savoir rêver n'est pas encor grand'chose,
Et savoir avoir lu, n'est presque rien du tout ;
Tu ne peux pas m'aimer parce qu'au mois d'août
Tout me semble arrêté par le parfum des roses.

Tu ne pourrais vraiment m'aimer, oui, toi qui m'aimes,
Que pour mon cœur… hélas, mon cœur, le connais-tu ?
Je ne le connais pas exactement moi-même :
C'est toujours au-dessus de moi qu'il a battu.

À quoi donc accrocher la tendresse éperdue
Qui veut bien me tenir pour traverser les jours ?
La forme est imparfaite et l'âme est inconnue…
Aime-moi donc pour rien. Cela seul est l'amour !

AZUR

C'est la saison divine et fraîche
Où l'on croit tout ce qu'on vous dit ;
L'air est bleu comme une dépêche,
Le ciel bleu comme un paradis ;

Le saule défend que l'on pleure ;
Le soleil dit : « N'allez jamais
Chercher midi à quatorze heures » ;
Les petits arbres des sommets

Semblent rangés par des archanges
Sur une table du gazon ;
Chaque oranger a dix oranges,
Chaque village a dix maisons ;

Dans l'arbre une voix infinie
Ne va durer que quelques jours ;
Les cigales ont du génie ;
La rose est la fleur de l'amour ;

Les plus méchants barreaux des grilles
Ont des sourires de jasmin ;
L'école des petites filles
Donne sept ans au vieux chemin ;

Le ciel tendre n'a pas un voile ;
Les peupliers ce soir pourront
Chanter la romance à l'étoile
Qu'ils touchent presque avec leur front ;

Demain la fête d'Espelette
Vendra ses raisins andalous ;
Si la montagne est violette
C'est que le vent vient d'Itxassou…

Quelle douceur ! quelle faiblesse !
Un insecte miraculeux
Prétend qu'à jamais on le laisse
Dormir au fond d'un iris bleu ;

L'ortie a rentré tous ses ongles ;
Dans l'herbe qui monte aux genoux
On lit *Le livre de la Jungle*
Au milieu des gueules-de-loup ;

La couleuvre, dans les pervenches,
N'est plus qu'un collier endormi ;
On se confie aux moindres branches ;
Les animaux sont des amis ;

Le soleil aux balcons s'attarde ;
Les maisons ne sont plus soudain
Que des images qu'on regarde,
Car on habite les jardins ;

Un chant tremblant comme un mensonge
Passe au loin dans le jour tombant ;
Les cœurs s'embarquent sur les songes !
Un manteau reste sur un banc…

C'EST L'HEURE

C'est l'heure où l'été s'achève…
C'est, sous le ciel anxieux,
L'heure d'achever mon rêve
Et d'abandonner tes yeux.

Tes yeux, merveilles profondes,
Pays d'ivresse et d'effroi
Où je fais le tour du monde :
Puisque le monde, c'est toi !

Tes yeux, pour quelques semaines,
Il va falloir les quitter.
Le Destin passe ; il m'emmène
Loin de tout ce bel été.

Il va falloir sur la route
Prendre, en oubliant les bois,
Un chemin qui va s'en doute
Plus loin que tout ce qu'on voit.

C'est l'heure encor d'être ensemble
Au bord d'un suprême soir…
Est-ce le jardin qui tremble ?
Ou notre dernier regard ?

Chaque brin d'herbe palpite
Jusqu'aux éternels sommets…
C'est l'heure, puisqu'on se quitte,
De s'aimer plus que jamais !

DÉPART

Vraiment, mon départ te rend triste ?
Et ton front s'en est obscurci ?
Et tu me dis que rien n'existe
Lorsque je m'en vais loin d'ici ?

Vraiment, ton rêve que j'enivre
Loin de moi veut s'anéantir ?
Vraiment, sans moi tu ne peux vivre ?...
Alors, c'est bien, je peux partir !

VERT

JAUNE

ORANGÉ

ROUGE

INDIGO

Ce miracle aux milles couleurs…

CAMPAGNE

Bruit de râteau ; clocher d'ardoise
Auquel reviennent les pigeons ;
Grenouille que l'on apprivoise
Et qui vous quitte d'un plongeon ;

Multiple cabane où remue
Sans cesse le nez des lapins ;
Duvets voyageurs que la mue
Accroche aux aiguilles des pins ;

Paille maternelle où la ponte
Mets des petits yeux effarés ;
Immense corridor où monte
Toujours l'odeur des plats sucrés ;

Fenêtre s'ouvrant dans la vigne ;
Rêve plus profond que le lac ;
Sable qu'une feuille égratigne ;
Ciel dans l'eau ; raisins dans les sacs ;

Fruits qu'attendent les confitures ;
Fleurs dont la tisane a besoin ;
Framboisiers noirs portant des mûres ;
Et poires d'or qui sont des coings ;

Avoine qui grimpe à l'épaule
Dès qu'elle a touché le poignet ;
Cheveux désespérés du saule
Que le vent d'orage traînait ;

Cheveux rassurants de la Vierge
Que le beau temps semble tenir ;
Titre des petites auberges ;
Chant qui passe sans revenir ;

Heures qui vont un peu moins vite ;
Pieds d'oiseaux marqués sur le sol ;
Petit village qui s'abrite
Avec un seul pin parasol ;

Ville au lointain diminuée ;
Doigts frottés de géranium ;
Corbeaux inscrits sur la nuée
Dont l'un suit comme un post-scriptum ;

Bergeronnette si légère,
Qu'on ne peut voir sans la chérir ;
Et lézard qui montre à la pierre
Qu'une émeraude peut courir ;

Araignée qui montre à la branche
Qu'on peut broder la tête en bas ;
Adorables chandelles blanches
Qu'on souffle mais qu'on n'éteint pas ;

Colimaçon qui, pour aigrette,
Se met ses deux yeux, s'il vous plaît ;
Sauterelle à ce point distraite
Qu'elle perd jusqu'à ses mollets ;

Paon couronné de huit topazes
Qui n'ont que la nuit pour écrin ;
Chaleur tremblant comme une gaze ;
Essoufflement du dernier train ;

Chaumière au fin profil superbe
Se renversant sur l'horizon ;
Soleil couchant ; chapeau dans l'herbe ;
Et courants d'air dans la maison ;

Bouquets d'amarante et d'ajouve
Où le roseau met son plumet ;
Tristesse que le soir on trouve ;
Rossignol qu'on ne voit jamais ;

Ruisseau sous les rayons inerte,
Qui se réveille quand il pleut ;
Jardinier bleu sur l'herbe verte ;
Et jardin vert sous le ciel bleu ;

Mur qui prend tous les cœurs du lierre ;
Saphir qui se croit un bousier ;
Papillons autour des lumières ;
Souvenirs autour des rosiers ;

Plus de cloches ; moins de paroles ;
Qui sait le nom de cette fleur ?
Angoisse des avoines folles ;
Sagesse ; peut-être bonheur ;

Cygnes qui font penser aux anges ;
Chauves-souris trop près du front ;
Couleur des montagnes qui change…
Où demeurent tous ces moutons ?

CAMPAGNE AVEC TOI

I

Tout passe en un vol de folie…
L'air est un lambeau de velours.
On ne sent pas passer la vie…
On ne sait pas le nom des jours.

Dans le jardin que bouleverse
L'amour au caprice vermeil,
Les fronts brûlent sous une averse
Et frissonnent sous le soleil ;

Et l'amante un peu ridicule
Porte, d'un air prétentieux,
Une fourrure quand il brûle
Et des dentelles quand il pleut.

Les petites fleurs sont mordues ;
Les fruits respirés longuement ;
Au bout de la sombre avenue
On retrouve le firmament ;

Sous un chapeau de fleurs champêtres
On a des yeux plus violets ;
On reste une heure à la fenêtre
Sans avoir vu ce qu'on voyait.

Ah ! ne prenez donc pas la peine,
Pauvres étoiles, pauvres fleurs,
D'avoir des beautés surhumaines !
Nous ne regardons que nos cœurs.

L'eau, nous y penchons nos visages…
L'arbre n'est qu'un décor charmant…
Et comment voir le paysage
Puisqu'on lui parle tout le temps ?

On parle et personne n'écoute…
On écoute et nul ne parla…
Lorsqu'on est deux sur une route,
L'univers entier n'est plus là.

C'est à peine si l'heure claire
Se distingue du soir tombant…
Parfois, conduit par un vieux lierre,
On vient s'asseoir sur un vieux banc ;

Parfois sur un livre superbe
On penche un visage hagard…
Mais bientôt le livre, dans l'herbe,
N'a pour lecteur qu'un seul lézard.

Car des amants lisant ensemble,
Près d'un rêve ou près d'un ruisseau,
Suivront toujours le fol exemple
De Francesca et Paolo…

Comment lire avec cet œil ivre ?
Avec ce cœur inapaisé ?
Pour fermer la lèvre et le livre,
Il n'est rien de tel qu'un baiser…

Puis, sous le printemps ou l'automne,
Tous deux s'éloignent… cependant
Que le livre qu'on abandonne
Parle encore au pied du vieux banc.

Il dit : « Ô Cœurs plus raisonnables
Qu'un livre ouvert dans le gazon ;
Quand les mots ne sont que du sable,
Ah ! comme vous aviez raison,

— Ne voulant rien d'autre connaître
Qu'un mensonge aux mille clartés —
De fermer le livre où, peut-être,
Vous auriez lu la vérité ! »

II

Quand nous courions dans la montagne,
Nos courses qui, parmi les bois,
Allaient si loin dans la campagne
Et si près du ciel quelquefois,

N'avaient, dans la folle nature,
Aucun rapport tranquille et doux
Avec la célèbre peinture
Que peignit jadis Gainsborough ;

Elles n'avaient, ces escapades,
Aucun rapport évidemment
Avec la belle promenade
Où Gainsborough mit un chien blanc.

Là, tout n'est qu'ordre et qu'élégance.
L'heure passe. Le ciel sourit.
La brise mollement balance
Dans l'air des compliments fleuris.

Les deux amants aux cheveux pâles
Forcés par le titre ancien :
« La Promenade matinale… »
Vont, en effet dans le matin

Et portent, sous le ciel fluide
Où le peintre les a laissés,
Des costumes bleus et splendides
Avec des ornements princiers.

Je n'avais pas cette toilette
Quand nous gravissions le coteau ;
Dans la montagne violette
Je n'avais pas ce grand chapeau ;

Tu n'avais pas ce beau costume ;
Et, contre mon front frémissant,
Je n'avais jamais que la plume
Qu'un oiseau vous donne en passant.

Dans mes cheveux pleins de lumière
Mille brins étaient retenus ;
Pour approcher une rivière
J'avais quelquefois les pieds nus ;

`

Mon soulier, comme une réponse,
Restait sur les trèfles du pré ;
Et ma robe, par chaque ronce,
Se laissait un peu déchirer...

Mais, sous la brise, nos visages,
Qu'un tel souffle faisait brûler,
Ressemblaient à ces paysages
Que nul jamais ne peut fixer ;

Remplis d'un désordre superbe,
Nos regards brûlants et distraits
Étaient comme la petite herbe
Dont on ne fait pas le portrait ;

Nous faisions trembler les secondes
Depuis le matin jusqu'au soir,
Et de tous les peintres du monde
Nous aurions fait le désespoir.

Car, on peut fixer sur la toile
Des chefs-d'œuvre tendres et bleus,
On peut arrêter une étoile...
Mais comment les peindre ces yeux

Qui — alors que tout les enivre
Et lorsque tout les fait souffrir —
Ne savaient pas s'ils voulaient vivre,
Ou s'ils ne voulaient pas mourir !

LE TORRENT

On venait de partout l'admirer. Le dimanche,
Lorsqu'il faisait beau temps, des promeneurs nombreux,
Poursuivant les sentiers et passant sous les branches,
Venaient s'asseoir au bord des bondissements bleus.

Nous regardions aussi rouler la blanche écume ;
Nous étions jusque-là venus par dessous bois ;
Ce n'était pas encor l'heure pâle des brumes…
Le torrent bondissait en grossissant sa voix.

Sans se donner le temps de refléter les choses ;
Il courait, inventant par-dessus son élan,
L'élan multiplié d'une eau qui superpose
Sur des flots d'azur verts des flots d'écume blancs.

Et, couverts par la voix de la belle eau courante,
On entendait monter de tous côtés des mots :
« Ce beau torrent ressemble au torrent de Sorrente !
— Non, au torrent plutôt du glacier de Gleno.

— Vous trouvez ? — Oui, je crois encore être en Bergame. »
Une autre voix disait : « Moi, jamais je ne vis
L'eau trembler sur les tons d'une semblable gamme
Que sur les bords fougueux du golfe de Calvi.

— Ce torrent, » murmurait une autre voix couverte
Par un rire amusé qui se souvenait bien,
« Ne ressemble-t-il pas à la cascade verte
Qui baignait cette Tour des souris, sur le Rhin ?

— Ce torrent ! regardez quelle force admirable.
On dirait un de ces torrents japonais qui
De leurs mugissements bercent trois bois d'érables,
Cascade de Shirabe ou de Chino-Taki.

— Moi, j'ai déjà vu ça, cette mousse qui cingle,
Cette vapeur qui saute, et ces longs fils d'argent ;
Et cela s'appelait la Fontaine-aux-épingles,
Et c'était en Bretagne, au fond du Morbihan.

— Laissez-donc ! Ce flot noir qui toujours de déchaîne,
C'est la chute d'Ono qui danse sur des joncs.
— Non ! » dit quelqu'un, « c'est le barrage de Suresnes,
J'ai déjà vu passer trois ou quatre goujons ».

Un bras s'était glissé sous une taille fine :
« Ce torrent, souviens-toi, me semble ressembler
À celui où tu te baignas à Salamine
Dans le pâle costume éternel de Chloé… »

Et d'autres voix disaient : « Par sa fièvre, il ressemble
À ce bouillonnement qui faisait chanter l'eau
Lorsqu'Iseult et Tristan s'en revenaient ensemble…
— Non, par sa profondeur, au lac de Lancelot !

— Ce torrent, il ressemble à la source première
Que Moïse arracha du rocher délirant !
— Ce torrent, il ressemble au galop de lumière
De la fontaine d'Hippocrène ! — Ce torrent… »

*
* *

Et chacun sur cette eau repartait en voyage ;
Chacun, le cœur battu du flot torrentiel,
Remettait sur cette eau la branche d'un feuillage,
Le nom d'un souvenir ou la couleur d'un ciel.

Et moi, réfléchissant à cette onde sauvage,
Qui courait sur les fleurs, tombait sur les genoux,
Envoyait sa vapeur jusqu'au nez des nuages,
Se brisait mille fois le cœur sur des cailloux ;

À cette eau qui, traitant les monts comme la plaine,
Ne s'arrêtait jamais et paraissait vouloir
Être, avec des gaîtés de matin sur la Seine,
Plus triste infiniment que le Tibre le soir ;

Je sentais que cette eau, que rien ne diminue
Comme si c'était bien le ciel qui la versait,
Que cette eau n'était pas, peut-être, une inconnue,
Et que ce beau torrent je le reconnaissais…

Dans la forêt plus sombre où seul le torrent brille,
Des voix couraient encor… « Ce torrent que l'on voit
Ressemble au torrent bleu qui roulait, aux Antilles,
Entre des arbres de corail… » Une autre voix

Dit : « Ce torrent ressemble au torrent vert qui frôle
Le grand lion de cristal qui garde Singapour… »
Et moi, laissant tomber le front sur ton épaule,
Je disais : « Ce torrent ressemble à mon amour ! »

FLEURS D'AUJOURD'HUI

Ô merveilleuses fleurs, éternelles amies
Qui nous quittez, hélas, par l'hiver endormies,
Mais qui vous réveillez à la belle saison
Et nous parlez de loin, par-dessus les gazons,
En nous tendant la chair douce de vos pétales :
Iris épiscopal ; perfide digitale
Dont l'austère velours cache les projets noirs ;
Marguerite qui sur la fatigue du soir
Avec l'air d'être la réplique d'une étoile ;
Fleur du sureau aussi légère que sa moelle ;
Fleur du phyllocactus dont le cierge est si lourd ;
Fleur de l'acacia qui frémissez toujours ;
Fleur du grand châtaignier dont l'odeur nous accable
Et qui, petit serpent déroulé sur le sable,
Parfumerez encor le milieu du chemin ;
Fleur du fraisier qui n'irez pas jusqu'à demain ;
Fleur de l'abricotier qui volez sur la brise ;
Fleur du blanc cerisier qui deviendrez cerise ;
Cyclamens dont le col frais qui se replia
A l'air de la moitié mauve d'un fuchsia ;
Crocus que le sous-bois de l'automne consacre ;
Chrysanthème qui, sous une lune de nacre,
Faisiez, le mois dernier, le mois si japonais ;
Papillon qui s'arrête et qu'on nomme genêt ;
Lys qui, si lumineux parmi le soir qui gagne,
Prêchez encore un blanc sermon sur la montagne ;
Lilas, cher violon qui preniez pour archet
Le rossignol qui sous vos branches se cachait
Pour qu'un parfum du soir devienne une musique ;
Lotus bleu qui semblez sur la rive exotique
Le bateau d'une libellule ; mélilot
Pour qui la coccinelle est un pesant fardeau ;

Glaïeul qui vous coiffez d'un plumet de verdure ;
Rose que la chenille habille de fourrure ;
Magnolia géant qui sentez le jasmin ;
Tournesol, bon soleil qu'on prend avec la main ;
Œillet mirobolant qui savez la manière
De faire, à vous tout seul, toute une boutonnière ;
Volubilis nerveux qui, vous précipitant,
Avez si vite fait tout le tour du printemps ;
Éphémère qu'on voit mourir à peine née ;
Dahlia qui semblez la sagesse incarnée ;
Pois-de-senteur qui semblez perdre la raison…
Ah ! dans chaque jardin et dans chaque saison,
Je les regardais tant, ces fleurs de toutes sortes,
Qu'à jamais maintenant mon souvenir les porte,
Et nul bouquet ne peut avoir plus de fraîcheur
Puisque, sitôt fané, je le refais par cœur !

FLEURS D'HIER

Jardin babylonien qui, s'échappant de terre,
Semblait faire, en montant, les nuages fleuris ;
Jardin grec dont les fleurs sont aux lèvres d'Homère ;
Calme jardin persan que Plutarque a décrit ;

Jardin qu'une île rose autour de Cachemire
Portait jusqu'aux vaisseaux qui voulaient des rosiers ;
Jardin de Lucullus qui respira le rire
De Rome apercevant le premier cerisier ;

Jardin de l'Arabie où tremblaient des étoffes ;
Jardin de la Sicile où dormaient des voleurs ;
Jardin de l'Illissus où les trois philosophes
Séparaient leurs leçons par des cloisons de fleurs ;

Jardin canonical du temps de Juste Lipse
Dont Rubens mit les fleurs dans le coin d'un tableau ;
Jardin de Rueil qui, pour pleurer certaine éclipse,
Semblait ne pas avoir assez de ses jets d'eau ;

Jardin de Chantilly et jardin de Versailles
Où l'on va voir de l'eau dessiner dans l'air ;
Jardin d'Azeglio dont il faut qu'on s'en aille
Quand pour s'y promener veut y monter la mer ;

Jardin égyptien carré comme une tombe ;
Jardin de la villa Panfili Doria
Qui, découpant son buis en forme de colombe,
Semblait dire le soir un *Ave Maria* ;

Jardin près de Venise où, quand la lune brille,
Le jardinier du jour se change en gondolier ;
Jardin près de Harlem où l'on voit la charmille
Imiter une chasse avec des noisetiers ;

Jardin de Valéry qu'un seul oiseau dérange ;
Jardin de Montargis qui veut des promeneurs ;
Jardin chinois remplit de surprise et qui change,
Du jour au lendemain, de forme et de couleur ;

Jardin dont le Brésil a posé les paillettes
Et qui, comme moineaux, se sert de colibris ;
Minuscule jardin de Madame Billette
Qui remplissait d'œillets les trottoirs de Paris ;

Jardin qui sur un yacht remonte la Tamise ;
Jardin de la Touraine où l'on croit au bonheur ;
Jardin d'Espagne avec des refrains dans ses brises ;
Jardin de Corse avec des dangers dans ses fleurs ;

Jardin remplit de miel sur la montagne Hymette
Où la nymphe aux pieds nus courait en liberté ;
Jardin qui, dépassant le hameau des Charmettes,
Ombrageait l'univers de sensibilité ;

Jardin près d'une église, où le bourdon qui sonne
Se croise avec celui qui sort du mélilot ;
Jardin qui se croit seul car il ne voit personne ;
Jardin qui se croit deux puisqu'il se voit dans l'eau ;

Jardin creusé d'azur avec des eaux profondes ;
Jardin fleuri de pierre avec des marbres nus ;
Jardins de tous les temps ! jardins de tous les mondes !
Ceux qui furent fameux ! ceux qui sont inconnus !

Vous ne vaudrez jamais pour moi, jardins de fête,
Le jardin si petit et si mystérieux
Que je voyais deux fois, car, lui tournant la tête,
Je ne le regardais jamais que dans des yeux…

Dans des yeux je voyais sa lumière, son trouble,
Le destin fugitif de ses moindres émois…
Ainsi, chaque jacinthe adorable était double !
Chaque arbuste tremblant m'apparaissait deux fois !

Ainsi, rapetissant ses immenses aurores,
Le jardin me tendait de minuscules fleurs,
Mais, repassant en moi par les yeux que j'adore,
Son ciel redevenait infini dans mon cœur !

FLEURS DE DEMAIN

Ah ! j'aime tellement les fleurs ! Un tel lien
S'est établi toujours, de tous leurs cœurs au mien,
Que j'aime quelquefois d'une amitié moins pure
Les pauvres fleurs aussi de la littérature :

Glycine à quoi montait ce terrible Julien
Qui vous aimait, Mathilde, et si mal et si bien ;
Violettes d'un soir dont le parfum unique
Fut jeté sur la joue en feu de Dominique ;
Rose qui, de la main d'une Infante rêvant,
Devint toute une flotte au caprice du vent ;
Myosotis que Werther par ses lettres mérite ;
Marguerite qu'effeuille une autre marguerite ;
Fleurs des champs : boutons d'or, bleuets, coquelicots
Que le cœur d'Ophélie apportait au ruisseau
Et qui, dans le ruisseau, restèrent sur mon âme ;
Camélias cireux qui, d'une pâle dame,
Avez orné la mort et composé le nom ;
Muguets de la petite table de Manon ;
Mûrier blanc que Pyrame envoyait à sa belle ;
Lys que Fortunio dans une ritournelle
Enveloppait un soir ; myrtil bleu que Lubin
Sur la montagne rose envoyait un matin ;
Fleurs que dans tous les bois et sur toutes les routes
Cueillaient les amoureux !... Et, plus belle que toutes,
Fleur que ne cueillit pas Roméo, qui savait
Que cette fille adorable des Capulets
Qui l'attendait là-haut, si tragique et si tendre,
L'adorant à mourir et mourant de l'attendre,
N'eût pas même voulu toucher ni regarder
La fleur qui d'un instant l'aurait pu retarder !

LA ROSE DE SAADI

Et toi, Fleur dont les mots étaient l'ardent feuillage,
Et dont les bras tremblaient comme des arbrisseaux ;
Toi qui prenais toujours un rêve pour ombrage,
Et, pour conseil, le bleu transparent des ruisseaux ;

Peut-on parler de fleurs sans revoir ton visage
Qui, si pâle sous les bandeaux noirs en arceaux,
Quand il se détachait sur un cher paysage
Avait l'air d'une fleur sous deux ailes d'oiseaux,

Rose de Saadi, charmante Marceline,
Peut-on parler de fleurs dans le soir qui s'incline
Sans recevoir ton visage anéanti de pleurs ?

— Les fleurs dans la rosée ont dû mourir et naître
Si la vie a doublé tes larmes, c'est, peut-être,
Qu'elle aussi te prenait toujours pour une fleur !

LE VOYAGE DE MARCELINE

Je crois que j'ai compris ce cœur mélancolique
Dans sa grâce parfaite et son total frisson,
Le jour où j'ai touché la petite relique
Où ce cœur chante encore un peu de sa chanson.

Un de ces grands amants qu'elle séduit quand même
Avec des yeux depuis cinquante ans refermés,
Un de ces amoureux désespérés qui l'aiment
Pour la manière dont un autre fut aimé,

Me dit : « Voyez cela. Tournez ces quelques pages.
C'est un petit cahier qu'elle emporta jadis
Et qu'elle conserva tout le long d'un voyage…
— C'était en mil huit cent quarante-cinq ou six —

Traversant l'Italie en vieille diligence,
Elle avait dans sa main cet humble confident ;
Et ce petit cahier connut le cœur immense
Qui demeura plus frais de rester plus ardent !

Elle notait dessus toutes sortes de choses.
C'est un effeuillement continu de son cœur.
Tenez ! voici des vers et voici de la prose ;
Et cette tache, ici, pourrait bien être un pleur !

Voyez !… » Et brusquement j'eus dans mes mains pâlies
Le livre qui l'accompagnait sur des chemins ;
Et, le sentant si plein d'Elle et de l'Italie,
Je faillis le laisser échapper de mes mains !

Puis, je l'ouvris… Pauvre petit cahier de toile
Qui faisait dans mes doigts semblant de palpiter.
Je le tenais un peu comme on tient une étoile
Sans oser regarder trop loin dans sa clarté…

Mais dès qu'il fut ouvert — ô Tendresse, ô Nature —
Tous les ciels d'autrefois passent en se suivant.
Je revois… je comprends… et la chère écriture
M'apparaît brusquement comme un portrait vivant !

Car en effet je crois revivre ce voyage :
Je vois le temps qu'il faut, je vois le temps qu'il fait ;
Sur cette page, il pleut ; et, sur cette autre page,
Je vois qu'un arc-en-ciel a séché le feuillet !

Dans ce petit cahier qui revient d'elle-même,
Je retrouve à la fois son cœur et son chemin.
On y voit des toits bleus… sont-ce ceux d'Angoulême ?
On y voit un clocher… est-ce celui d'Amiens ?

Je tourne chaque page, et mon âme se penche
Comme sur un missel qui serait un roman.
Je tourne… quel beau vers sur cette page blanche !
Je tourne… un vers encor. Je tourne… et, brusquement,

Je vois — oh ! que jamais elle ne fut charmante
Comme en ce fol instant de puérilité ! —
Entre deux vers plus doux que deux oiseaux qui chantent,
Un cheveu noir scellé d'un pain à cacheter.

Oui, pour partir au loin et pour un long voyage,
Parmi l'espoir du jour et l'angoisse du soir,
— L'âme a le droit aussi de choisir un bagage —
Marceline emportait un petit cheveu noir !

Éternelle vivante aux mains ensevelies,
Que je l'aime d'avoir eu ce geste émouvant !
D'autres emporteraient, partant pour l'Italie,
De longs voiles légers pour s'enrouler au vent,

Des escarpins pointus pour étonner les routes,
De tendres diamants pour éclairer le soir ;
L'une aurait un collier, l'autre une aigrette ; et toutes
Auraient deux éventails, au moins, et trois miroirs.

Mais Elle, qui ne sut jamais être coquette,
Elle qui ne daigna consentir à porter,
Comme ornements brillants sur sa pensive tête,
Que les quatre cents trente astres des nuits d'été ;

Elle qui n'éclairait ses ombrelles légères
Que de la pâle main qui les tenait au jour ;
Elle qui se faisait un chagrin de bergère
En relisant cent fois une lettre d'amour ;

Elle qui frissonnait comme une jeune plante,
Et qui ne possédait comme poudre de riz
Que la chère pâleur dont une âme brûlante
Signe sincèrement tous les mots qu'elle dit…

Le soir où cette diligence vint la prendre
Pour l'emmener au loin vers le pays des fleurs,
Comme il fallait toujours que son cœur fier et tendre
Finît par être fou pour que ce fût son cœur,

Elle voulut jeter, d'une âme encor grisée,
La possibilité d'un suprême lien,
Entre les marronniers de nos Champs-Élysées
Et les sombres cyprès des champs italiens ;

Et c'est ainsi, qu'allant vers ce fier paysage
Où quelquefois le jour a la beauté du soir,
— Le cœur a sa façon de partir en voyage —
Marceline emporta ce petit cheveu noir !

Et ce petit cheveu, devant lequel s'incline
Mon regard que des pleurs conduisent jusqu'au tien ;
Ce petit cheveu noir me touche, Marceline,
Mieux que tes vers chéris que je connais si bien.

Car il dit ton amour, ton émoi, ta faiblesse ;
Ta rage d'emporter un morceau de bonheur ;
Et cette odeur d'oiseau palpitant que tu laisses
Sur tous les sentiments où se posait ton cœur.

Car il te montre encore et plus tendre et plus proche
Et plus semblable à nous, tes pauvres sœurs d'amour…
Quoi ! tu le connaissais ce trouble qui s'accroche
À la pâleur d'un front, d'une tempe, au contour

D'une douce paupière ou d'un sourcil plus lisse ?
Et ton âme lyrique a fait cet humble aveu
Qu'il fût une minute humaine où ton délice
Tenait, si lourd qu'il fût, au bout d'un seul cheveu.

Et ce sombre cheveu — tendre corde de lyre —
Qui s'allonge et qui semble, entre les autres vers,
Un vers écrit trop fin pour qu'on puisse le lire…
Je dis que ce cheveu toucherait l'univers !

Car c'est ton cœur brisé qui crie à la Nature :
« Oui, la création je l'adore en tous points
Mais d'un plus fol amour j'aime la créature ! »
Car c'est ton cœur brisé qui va toujours plus loin.

Toi, tu l'avais encor l'âme faible et ravie.
L'âme que nous avons toutes à dix-sept ans,
Mais que sévèrement nous confisque la vie
Pour ne nous la prêter que huit jours au printemps.

Toi, tu voulais trouver des soupirs dans la brise,
Serrer le temporaire en goûtant l'éternel,
Et ne pouvais pas te passer, à Venise,
D'un petit cheveu noir pour voir le bleu du ciel !

PRIÈRE À LA NATURE

Souviens-toi que mon cœur, ô divine Nature,
Bat plus rapidement tant que ton printemps dure ;
Que je n'ai jamais eu des gestes qui cueillaient
Sans remords tes iris, tes phlox et tes œillets ;
Que j'ai toujours, avec leurs astres et leurs cloches,
Porté les plus beaux soirs sur un front sans reproche ;
Souviens-toi que je n'ai jamais — tu peux chercher —
Fait, contre tes saisons, le plus petit péché ;
Que je ris en voyant tes fruits ; que je ne touche
Qu'avec respect aux plus petites de tes mouches ;
Que j'ai toujours cru voir voler quelque joyau
Lorsqu'une libellule étincelait sur l'eau ;
Que j'ai toujours trouvé naturel qu'une branche
Pour me montrer ses fleurs me tirât par la manche ;
Que je n'ai pas voulu suspecter le hibou ;
Que, lorsqu'un hanneton m'est tombé sur le cou,
Je l'ai toujours remis aux mains de quelque feuille ;
Que je n'ai jamais vu fleurir un chèvrefeuille
Sans m'approcher de lui et dire : « Oh ! qu'il sent bon ! »
Que mon geste jamais n'interrompit le bond
De la grenouille verte au ras de l'herbe humide ;
Que, chaque fois qu'un grand lucane en bronze vide
Voyageant par les airs s'est abattu sur moi,
J'ai risqué de me faire un peu pincer les doigts
Pour délivrer ses crocs et le rendre à l'espace ;
Qu'il n'est pas un oiseau venu du ciel qui passe
Sans que mon cœur aspire à le voir se poser ;
Que j'ai toujours trouvé le moyen d'excuser
Les ongles de l'ortie et la griffe des ronces ;
Que de tous les échos j'appelle les réponses ;
Qu'au fond de tous les lys je me jaunis le nez ;
Que j'ai toujours, lorsqu'ils le demandaient, donné

Du blé noir aux pigeons et du pain blanc aux cygnes,
Des tuteurs aux rosiers et du soufre la vigne ;
Que, lorsque après l'orage il a fait beau soudain,
Je n'ai jamais manqué d'aller dans le jardin
Voir les colimaçons qui sont une couleur de pêche ;
Que je n'ai pas marché sur une feuille sèche
Sans être au désespoir de la voir se briser ;
Que jamais l'arc-en-ciel, dont le prisme irisé
Colore infiniment la douce averse oblique,
N'apparaît sans trouver dans mes yeux sa réplique ;
Souviens-toi qu'il n'est rien qui puisse m'empêcher
De croire au bleu d'une eau qui descend d'un rocher ;
Que, lorsqu'un un bel insecte en or ou même en cuivre
A daigné voltiger au-dessus de mon livre,
J'ai délaissé Ronsard et Verlaine souvent
Pour suivre un peu plus haut le poème vivant ;
Souviens-toi, qu'allongés comme des petits fleuves,
Mes yeux ont reflété toutes tes robes neuves ;
Que je dépends de toi terriblement ; que j'ai
Toujours l'âme plus blanche après qu'il a neigé ;
Que je t'aime partout, en tout ; que je n'essuie
Jamais sur mes cheveux les gouttes de ta pluie ;
Que je vais bravement au soleil sans chapeau
Pour que tes rayons d'or me dorent mieux la peau :
Que je porte à mon front ton brouillard comme un voile ;
Que presque chaque soir je nomme tes étoiles ;
Que mon rêve a passé sur tous tes animaux ;
Qu'un jour j'avais trouvé la musique des mots
Qui font pour un instant la cigale attentive ;
Que j'ai toujours tremblé du frisson de tes rives ;
Que, volontairement, mon pied ne s'est pas mis
Sur la rapidité brune d'une fourmi,
Et que mon innocente main n'a pas sur elle
Le poids d'un seul petit fémur de sauterelle !

DE LA MÊME À LA MÊME

« Nature au front serein comme vous oubliez… »
Mais comme vous avez des dons multipliés
Pour ceux qui vont tomber dans les bras de vos branches…
Ô Nature, vous qui portez ces boucles blanches
Qui sont peut-être aussi des nuages au ciel ;
Vous qui donnez le sel, et le sucre, et le miel,
Et le courant léger qui pousse les rivières ;
Vous qui, pensant à tout, et pour que chaque pierre,
Chaque pierre du mur puisse un jour par hasard
Connaître une émeraude, inventez le lézard,
Et pour que, sur la rive, on réveille les plantes
Avez mis la grenouille aux pattes transparentes ;
Vous qui recommencez et ne finissez pas ;
Vous qui sur une haie, à côté d'un vieux bas
Qui sèche et d'un jupon de déteinte lustrine[8],
Piquez l'épingle d'or au cœur de l'églantine ;
Vous qui fîtes le tigre, et puis le moucheron ;
Vous qui, pour protéger le vernis du marron
L'avez enveloppé d'un écrin de peau verte ;
Vous par qui le petit ballon de plume inerte,
Quand il se pose un soir sur un arbre d'été,
Redevient l'infini que l'on entend chanter ;
Vous qui donnez encore et sans qu'on le demande,
Le cuir frais du citron, le velours de l'amande,
La noisette qui semble une cerise en bois ;
Les fruits de tous les jours, les jours de tous les mois,
Le tournant de la route accoutumée, et même
Sur le sable craquant le bruit du pas qu'on aime
Et qui devient plus cher quand il s'approchera…
Et tout ce qui fut doux ! tout ce qui le sera :
Ce juin de l'an dernier qui croulait sous des roses ;

---

[8] Lustrine : étoffe de coton brillante, très apprêtée et glacée sur un des côtés. *(Larousse)*

Ce mai de l'an prochain dont les fleurs sont encloses
Dans tous ces petits grains, ronds ou plats, gris ou noirs,
Que le vieux jardinier range en un vieux tiroir ;
Vous dont la brise chaude est la sœur de la harpe ;
Vous qui d'un coup de vent m'avez pris une écharpe,
Et dont un coup de vent peut-être la rendra ;
Vous qui, sans réfléchir à ce qu'il adviendra,
Répandez au hasard des ailes sur des vagues,
Des fruits sur des gazons, des baisers sur des bagues,
Et sur le soir un chant qu'on entend s'éloigner...
« *Nature au front serein comme vous oubliez...* »
Mais comme vous avez de splendides surprises
Pour ceux qui, respirant vos plus brûlantes brises,
Au baiser de l'éclair savent tendre leur front...
Nature, qui voulez avoir les yeux vairons
Pour que le jour soit l'un et que la nuit soit l'autre,
Vous dont les douze mois sont comme douze apôtres
Qui portent le miracle et vous prêchent sans fin...
Comme vous oubliez, Nature au front serein,
Mais comme vous avez des faiblesses superbes
Pour tous les imprudents qui se couchent dans l'herbe
Sans penser aux colliers qui s'appellent serpents...
Comme vous les aimez tous ces cœurs imprudents
Qui, se désaltérant à quelque source pâle,
Oublient que dans cette eau trempait la digitale
Et ne voient que danser l'étoile au fond de l'eau...
Ces cœurs-là sont à vous tout comme vos ruisseaux,
Vos horizons, vos peupliers, vos églantines...
Et c'est pourquoi, Nature aux colliers de collines,
C'est pourquoi les sentant à vous et sans jamais
Pouvoir se détacher de tout ce qu'ils aimaient,
Vous les traitez avec tout ce caprice extrême

Avec lequel parfois on meurtrit ce qu'on aime.
Vous répandez sur eux vos dons vertigineux ;
Vos réveils déchirants, vos sommeils ténébreux,
Vos ensorcellements et vos apothéoses ;
Et quand vous leur avez donné toutes ces choses,
Ces choses de mystère, et qu'elles sont en eux :
Matins de pourpre et d'or et clairs de lune bleus,
Soleils, ruisseaux, rosiers, jardins, étoiles, plaines,
En eux comme le sang qui coule dans leurs veines,
Vous permettez un jour d'été qu'ils aient vingt ans
Dans un jardin de fleurs et d'oiseaux palpitants,
Et vous leur permettez, puisqu'ils y sont ensemble,
De métamorphoser tout un jardin qui tremble !

LA MÉTAMORPHOSE DU JARDIN

LE CAPRICORNE

Hélas, dans ce jardin où la voix des fontaines
Rencontre la chanson qui retombe des nids,
Hélas, dans ce jardin où mes belles antennes
M'entourent quelquefois d'un cerceau d'or bruni,
Hélas, trois fois hélas, dans tout ce paysage
Où le matin est rose, où le soir est si bleu,
Voici qu'il vient d'entrer deux pâles personnages
Qui prennent l'air ici de se croire chez eux.
Ils se promènent sur nos tapis de bruyère ;
Ils gardent pour miroir notre lac nébuleux ;
Ils portent les rayons dansants de nos clairières
Ainsi que des bijoux au bord de leurs cheveux ;
Ils respirent notre air, glissent sur notre sable,
S'appuient sur le rideau de nos peupliers noirs ;
Parfois, pour expliquer leurs cœurs inexplicables,
Ils troublent sans façon le silence du soir ;
Et j'en prends à témoin la cigale de l'orne…

LA CIGALE, *flattée.*

Vraiment ?

LE CAPRICORNE

…Et le murmure aussi du peuplier…
Ils trainent derrière eux un grand rêve sans borne
Dans lequel ils ont pris le jardin tout entier.
Ils ont pris l'horizon, la tristesse des roses ;
Et même quelquefois, pour mieux approcher d'eux,
Le jardin, consentant à la métamorphose,

Se rapetisse assez pour tenir dans leurs yeux…
Tout n'est-il pas changé ?... Répondez, chers Insectes,
Toi, Fourmi ?

LA FOURMI

Un caillou bouscula mon fardeau.

LE CAPRICORNE

Et toi le Hanneton ?

LE HANNETON

Une brise suspecte
M'a, comme je volais, renversé sur le dos.

LE CAPRICORNE

Libellule ?

LA LIBELLULE

Le jour ne perce plus mon aile.

LE CAPRICORNE

Cicindèle ?

LA CICINDÈLE

La nuit ne sent plus mon odeur.

LE CAPRICORNE

Et vous, les Papillons ?

PLUSIEURS PAPILLONS

La rose est infidèle
Et pousse, chaque soir, le verrou de son cœur.

LE CAPRICORNE

Et toi, Grillon, musicien du clair de lune ?

LE GRILLON

L'écho ne redit plus jamais ma valse brune.

LES ABEILLES

Et les fleurs maintenant nous refusent leur miel.

LE CAPRICORNE

Tout est changé. Tout est différent sous le ciel.
Le jardin s'est donné avec tout son feuillage
À ces deux étrangers qu'il ne connaissait pas…

LE SCARABÉE

Et toi, les connais-tu ?

LE CAPRICORNE

Oui, j'ai vu sur leurs visages,
Quand ils étaient sur le vieux banc près du lilas :
Ils sont pâles ainsi que des feuilles tombées…

LE SCARABÉE

Quoi, si pâles vraiment ?

LE CAPRICORNE

Elle porte à son cou
Des colliers, moins brillants que tous nos scarabées…
Et, du matin au soir, elle parle beaucoup.

LE SCARABÉE

Que dit-elle ?

LE CAPRICORNE

Des mots désordonnés… sans suite.

LE SCARABÉE

Mais à qui parle-t-elle ?

LE CAPRICORNE

À tout le monde : aux fleurs,
Au printemps qui s'en va, au ruisseau qui palpite…
Hier, parlant à la rose, elle disait : « Ma sœur ! »
Puis, toute enveloppée en un étrange voile,
Elle causait avec une de nos étoiles :
La verte qui toujours danse sur le cyprès.

LE SCARABÉE

Et lui, lui, que dit-il ?

LE CAPRICORNE

Oh ! lui, il est distrait…
Assez silencieux…

LE VER-LUISANT

Et puis très malhonnête.

LE CAPRICORNE

Comment ?

LE VER-LUISANT

À chaque instant il nous jette à la tête
Ses bouts de cigarette… On disait cependant
Que tous les amoureux aimaient les vers-luisants.

L'ORTIE, *d'une voix pointue.*

Oh ! le monde a beaucoup changé !

LA MARGUERITE

À qui le dites-
Vous !… Moi qui suis, hélas, la pâle marguerite,

101

Nul ne m'effeuillait plus qu'un regard inquiet…

LʼORTIE

Ça te privait ?

LA MARGUERITE

Oui, Jʼaime à dire mon secret.
Pour être marguerite on nʼen est pas moins femme.
Eh bien, depuis quʼils sont ici, je le proclame,
Ils me consultent tous les deux à chaque instant.
Dʼailleurs je leur réponds toujours « passionnément ! »

LE SCARABÉE

Est-ce la vérité, vieille Nécromancienne,
Ou bien ne dis-tu ça que pour quʼon te revienne ?

LA MARGUERITE, *rêveuse.*

Peut-être bien quʼils sont les derniers amoureux.

LE CRÉPUSCULE

Moi je les aime…

LʼÉCHO

Et moi aussi je suis pour eux.
Dʼailleurs, depuis quʼils sont ici je me repose :
Car, du matin au soir disant les mêmes choses,
Ils ont lʼair de savoir, tous deux, si peu de mots
Que la voix de chacun sert à lʼautre dʼécho…

LA COCCINELLE

Et moi je trouve aussi quʼils ont un certain charme.
Je les ai regardés dans le jardin dʼété :
Le ciel est sur leur front, leurs yeux sont plein de larmes

Et les mots qu'ils disaient étaient plein de clarté.

LE CAPRICORNE

Quoi ? des mots qui brillaient ?

LA COCCINELLE

Mon cher, comme du givre.

LE COLIMAÇON, *qui ne veut pas marcher.*

Allons ! Allons ! les mots ne brillent pas !

LA COCCINELLE

Comment !
Tu sais, la grande chambre où les murs sont en livres,
Dans la maison ?

LE COLIMAÇON

Oui. Oui.

LA COCCINELLE

J'y entre nuitamment
Et j'ai cru voir, dans l'air, tourner des lucioles…
Eh bien, ce n'étaient pas, ces doux vols enflammés,
Des lucioles, non !

LE COLIMAÇON

Qu'était-ce ?

LA COCCINELLE

Des paroles !
Qui sortaient tout le temps des grands livres fermés.

LE CAPRICORNE

Coccinelle, de grâce, un instant de silence !

Je ne retrouve plus le fil de mon discours.

UNE ARAIGNÉE, *facétieuse.*

Tiens, le voilà !

LE CAPRICORNE

Je ne plaisante pas. Je pense
Que le bonheur nous a déserté pour toujours.
Jamais plus le jardin aux bras de sycomore
Ne nous tendra son cœur si tremblant et si beau…

UN PAPILLON BLANC

Jamais plus !

UN PAPILLON BLEU

Jamais plus !

UN PAPILLON JAUNE

Jamais plus !

LE GRAND SPHYNX, prétentieusement.

Never more !

LE CAPRICORNE

Pourquoi dit-il cela ?

LE SCARABÉE, *qui sait tout.*

C'est l'ami du corbeau.

LE LAC, *qui a des souvenirs.*

Bah ! tout ça finira plus vite qu'on ne pense.
L'été n'a pas de cœur. Les jardins sont ingrats.
C'est l'amour qui retient ce paysage immense :

Mais l'amour change et le jardin vous reviendra.

Le jardin vous rendra ses oiseaux et ses branches,

Le secret de ses nuits où l'étoile a glissé, —

Tout passe !... Quelle fleur a connu deux dimanches ?

L'amour passe... L'amour ne fait rien que passer...

Tout le monde le dit. L'amour ce n'est qu'un songe.

Et le plaisir d'amour ne dure qu'un moment...

LA VIEILLE CHARMILLE

Je l'ai même entendu chanter...

LE VIEUX BANC

                                  C'est un mensonge !

Ce qui change, ce sont les deux pauvres amants.

Moi j'en vois, vous pensez, qui viennent sur ma pierre,

Et reviennent... Je vois leurs yeux sous leurs paupières...

Je les entends venir... Je les entends parler...

Ah ! combien j'en ai vu pâlir... et chanceler...

Puis changer à ce point qu'ils sont méconnaissables.

Plus un mot. On est là... On gratte un peu le sable

Du bout fin d'une canne ou d'une ombrelle... puis

On s'en va tristement... Quoi, c'est Elle ! Et c'est Lui !

Qu'ont-ils fait de ces mots qui leur brûlaient les lèvres ?

Qu'ont-ils fait de ces cœurs battants ? de cette fièvre ?

De ces douceurs ? de ces fureurs ? de ces chansons ?

De toute cette étrange et divine façon

Qui les rendait insupportables ? de ce rêve

Qui faisait autour d'eux les minutes si brèves,

Le soir si déchirant, le matin si parfait ?

Qu'ont-ils fait de ces mots éperdus ? Qu'ont-ils fait

De ces larmes ? de ces sourires de délice ?

De cette jalousie et de ces injustices

Dont il faut mille fois se demander pardon ?
Qu'ont-ils fait de ce cri qui disait au bourdon :
« Va ! tu peux bourdonner autour de nous sans cesse,
Tu ne couvriras pas la rumeur de tendresse
Qui monte de nos cœurs attachés et pareils
Et plus grisés que toi de joie et de soleil ? »
Qu'ont-ils fait de ces mains frémissantes et tendres
Qui ne se séparaient que pour mieux se reprendre ?
Qu'ont-ils fait de ces yeux qui mouraient d'un regard
Et de tous ces baisers posés sur un départ ?...
Non ! ce n'est pas l'amour qu'il faut que l'on accuse,
Car ce n'est pas l'amour, ce sont les cœurs qui s'usent :
Trop faibles pour garder le secret enchanté
Qui régnait sur une heure et les a fait s'aimer.
Ils s'aimeraient toujours s'ils demeuraient les mêmes...
Ô minute divine où l'on a dit « Je t'aime ! »
Se peut-il qu'on oublie ? et devrait-on jamais
Lorsqu'on a dit « Je t'aime » ajouter « Je t'aimais ! »
Verbe miraculeux qui ne devrait au monde
Avoir, pour conjuguer ses divines secondes,
Que le présent toujours... le présent éternel !...

LA CHARMILLE

Vraiment, ce banc de pierre incrusté sous le ciel,
Et qui semblait n'avoir qu'une âme sans secousse
Vivante seulement de fourmis et de mousse,
Vraiment ce banc d'été ne parle pas trop mal.

LA BRISE, *trop capricieuse*
pour répondre en vers réguliers.

C'est malin ! Il a lu Pascal.
Un soir que sous un ciel de turquoise ou de cuivre

106

On avait laissé sur lui ce livre,
Mon aile au petit souffle vert
Passant sur le feuillage
L'a juste ouvert
À cette page…
Parlez-lui d'autre chose, il n'en saura pas lourd

LA ROSE

Mais c'est déjà beaucoup de connaître l'amour !

LE RENDEZ-VOUS

Certes, elle avait, sur la terrasse,
Répondu : « Non ! » de tout son cœur ;
Mais l'odeur des roses repasse
Comme le refrain d'une odeur…

Là-bas, dans le salon jonquille,
Quelqu'un s'est mis au piano
Et fait danser les jeunes filles ;
Quelqu'un brouille des dominos…

La valse maintenant qu'on joue
Augmente le parfum des fleurs,
Et le soir vient brûler les joues
De toute sa fausse fraîcheur ;

Quelqu'un tourne les grandes pages
D'un illustré du samedi ;
Le parfum des roses voyage
Comme un refrain… Elle avait dit,

Sur la terrasse, tout à l'heure :
« Je n'irai pas ! non, non, jamais ! »
Mais la volonté est la meilleure
Faiblit contre un soir de juillet.

Elle ne peut tenir en place,
Elle tombe dans un fauteuil,
Se relève, va vers la glace,
Ouvre un livre, touche un glaïeul,

Rectifie un peu sa coiffure
D'un doigt dont le bras s'accouda,
Fredonne deux ou trois mesures
De la valse dont la coda[9]

Entraîne les cordes mineures,
Écoute avec des yeux trop longs
La pendule sonner dix heures,
Se retourne vers le salon,

Constate que dans l'air qui tremble
Il n'y a rien que son amour,
D'un battement de cœur rassemble
Les souvenirs des derniers jours,

Regarde, en oubliant le monde.
Le lustre et les cadres dorés,
Hésite encore une seconde,
Et brusquement se dit : « J'irai ! »

Le bridge fait claquer ses marques
Et l'on recommence à danser…
Sans que personne la remarque
Elle a pu dehors se glisser.

Refermant la porte entr'ouverte,
Elle descend d'un pied qui luit,
Et son immense écharpe verte
Est comme un oiseau qui la suit.

---

[9] Coda : section conclusive d'un morceau de musique. *(Larousse)*

Elle passe en frôlant des marbres,
Elle avance, et, dans le soir bleu,
S'appuie un instant contre un arbre
En murmurant : « Mon Dieu ! Mon Dieu ! »

La grande nuit, d'abord si sombre,
Entr'ouvre son obscurité :
Il est là-bas, tout seul, dans l'ombre ;
Sur son épaule il a jeté

Cette pèlerine de chasse
Dont le col noir lui va si bien…
Tout à l'heure sur la terrasse
Il a dit : « Si tu m'aimes, viens ! »

Il a dit : « Viens ! » tendre et terrible.
« Je n'irai pas ! — Si, tu viendras ! »
Sans qu'elle ait cru cela possible,
Voici qu'elle est entre ses bras.

« Oui, c'est bien moi. Je suis venue…
Écoute mon cœur, comme il bat !
J'ai couru depuis l'avenue,
Regarde, on danse encor là-bas.

La voix de la musique tendre
M'accompagnait… Mais, quelquefois
J'avais peur… je croyais entendre
Quelqu'un courir derrière moi…

J'ai pris à travers la broussaille,
Tant le chemin me semblait long…
J'ai perdu mon volant de faille[10]
Et la moitié de mon talon…

Ce bruit qui m'avait poursuivie
Ce n'était que mon cœur battant…
Je t'apporte toute ma vie
Pour te voir sourire un instant ! »

---

[10] Faille : tissu d'armure toilé, à grain très marqué, formant des côtes. *(Larousse)*

CHANSON A PLUSIEURS VOIX

L'ÉTOILE

Puisque ta flamme est éphémère,
Amour, et, puisque ton bonheur
Ne dure qu'un instant sur terre,
Daigne avoir pitié de ce cœur !

LE MYRTE

Souviens-toi de chaque victime :
De Phèdre à la triste ferveur
Qui brûlait d'un si tendre crime...
Ne fais pas trop souffrir ce cœur !

LE FIL DE LA VIERGE

Souviens-toi de ce labyrinthe,
Où le fil d'Ariane en pleur,
Se déroulait comme sa plainte…
Ne fais pas trop pleurer ce cœur !

LE LAURIER

Souviens-toi — fièvre que partage
L'immobilité d'une fleur —
De Daphné changée en feuillage...
Ne fais pas trop changer ce cœur !

LE PAPILLON

Souviens-toi avec épouvante
De Psyché qui, sur le dormeur,
Fit tomber la lampe vivante…
Ne fais pas trop veiller ce cœur !

LE ROSSIGNOL

Souviens-toi lorsque Juliette,
Accepta que mon chant trompeur
Couvrît le chant de l'alouette...
Ne fais pas trop dormir ce cœur !

LE CLAIR DE LUNE

Et souviens-toi lorsque Charlotte,
Contre ma trompeuse lueur
Appuya son rêve qui flotte...
Ne fais pas trop rêver ce cœur !

UN VIEUX LIVRE

Souviens-toi de cette Françoise
Qui me ferma sous la langueur
D'un regard de sombre turquoise...
Ne fais pas trop lire ce cœur !

LA GIROFLÉE-DOUBLE

Souviens-toi de cette Julie
— Double amour et double malheur
Qui déchirait en deux sa vie...
Ne fais pas trop battre ce cœur !

LE SAULE

Souviens-toi de cette Lucie
Qui mourut pour que sa pâleur
Restât dans une poésie...
Ne fais pas trop pâlir ce cœur !

LA PASSIFLORE

Souviens-toi des lettres de braise
Qu'écrit du fond de sa douleur
La religieuse portugaise…
Ne fais pas trop parler ce cœur !

LA ROSE

Et souviens-toi de Marceline ;
Elle avait ce cœur dont on meurt
Quand il vous bat dans la poitrine…
Ne fais pas trop chanter ce cœur !

UNE TOUTE PETITE ROSE

Souviens-toi de cette Rosette
Qui comprit, n'étant qu'une fleur,
Qu'elle n'était qu'une amusette…
Ne fais pas trop fleurir ce cœur !

LE SOUVENIR

Souviens-toi de tant de détresses :
Ici… là-bas... partout... ailleurs…
Tant d'amantes... tant de maîtresses…
Ne fais pas trop souffrir ce cœur !

LE RUISSEAU

Souviens-toi des tendres cadavres :
Ophélie au lac d'Elseneur…

LE CHEMIN

Manon sur la route du Havre…
Ne fais pas trop mourir ce cœur !

L'ÉTOILE

Et, puisque ta clarté tremblante
N'est, hélas, malgré sa splendeur,
Pas plus qu'une étoile filante…
(Joignant le geste à la parole, elle tombe brusquement.)

TOUT LE JARDIN, *dans un immense frisson*
qu'on peut prendre pour le murmure des branches

Daigne avoir pitié de ce cœur !

RÊVERIE LOINTAINE

Je voyageais au loin parmi les paysages
Où le ciel, pour glisser, vient sur des oliviers :
Et m'éloignais, hélas, de village en village,
De la ville, mon cher Amour, où vous viviez.

Les femmes maintenant desserraient leurs voilettes
Disant : « Quelle douceur dans l'air autour de nous ! »
Moi seule je pensais : Hélas, c'est où vous êtes,
Ce n'est que là, mon cher Amour, que l'air est doux. »

Que faites-vous là-bas ? Je vous vois, sous la lampe,
Comme un archange un peu humain qui m'écrirait…
Hélas, il est si doux l'air autour de vos tempes
Qu'on n'en peut plus jamais respirer d'autre après.

Il y a bien longtemps que, pour moi, le nuage
N'est qu'une autre façon de colorer vos yeux ;
Vos yeux ! j'y pense trop, hélas, dans ce voyage…
C'est un voyage : il faut que je regarde mieux.

Sur la route, où l'on voit beaucoup de maisons roses,
Tous les arbres sont bleus, les murs blancs, et les toits
Ressemblent à ces toits si légers que l'on pose
Sur les châteaux de carte en retenant ses doigts.

Nous venons de passer dans un village encore,
Les cafés, pour nous plaire, ont des noms ingénus ;
L'un s'appelle : Café du grand Saint-Isidore !
Je ne crois pourtant pas qu'il soit ici venu.

Un char de foin, au loin, s'arrête sur la côte.
Ah ! qu'avec toi le soir me paraîtrait doré !
Nous montons maintenant. La montagne plus haute
Semble cacher un ciel qu'elle va nous montrer.

Nous avons dépassé la haute fermeture.
Le ciel est devant nous, d'un azur irréel.
Reverrai-je avec toi jamais cette nature,
Dont parfois ta paupière a la couleur du ciel ?

Reverrai-je avec toi cet horizon qui tremble ?
Ces oiseaux inconnus ? ces moutons merveilleux ?
Ces amandiers fleuris qui sourient tous ensemble ?
Et ces cyprès qui pour rêver vont deux par deux ?

Reverrai-je avec toi ces charmants paysages ?
Retrouverai-je, avec le sourire enchanteur
Dont l'amour à la fois éclaire deux visages,
La route qu'aujourd'hui j'arrose de mes pleurs ?

On traverse un village à présent qui me semble
Ressembler à tous ceux de l'Espagne, —et je vois,
Vers une femme en noir qui, de loin, me ressemble,
Un jeune homme venir qui te ressemble, à toi.

Quels sont ces amoureux ? Une douce brouette
Est là pleine de fleurs pour un marché lointain...
Le jeune homme a ton air ; presque ta silhouette ;
Je ne vois pas ses yeux dans le jour qui s'éteint.

Mais je sens que ces yeux sont plus déments que sages ;
Et je sens qu'elle aussi, plus faible qu'une fleur,
Donne avec son regard tout son pauvre visage
Sans même réserver une part de bonheur.

Quel est entre leurs cœurs le drame qui se joue ?
Et qu'a donc leur émoi de si mystérieux
Que leurs pleurs à présent ruissellent sur ma joue
Comme si leur amour descendait de mes yeux.

Le jeune homme a ton air, ta peau un peu dorée,
Je ne vois pas ses yeux dans le jour qui s'éteint.
Le ciel n'a qu'une étoile. Une douce soirée
Est là, pleine de fleurs pour un chagrin lointain…

Mais quel est ce mirage ? et quel est ce voyage ?
Où vais-je ?... où va mon cœur ?... et d'où peut-il venir ?
Et ce cœur poursuit-il, parmi ce paysage,
La route d'Italie ?... ou de mon souvenir ?

SOUVENIRS

Te souvient-il de la prairie
Où courait ce petit ruisseau ?
Et de cette pâtisserie
Un jour de course de taureaux ?

Rien ! le temps d'ouvrir une porte
De faire un signe de la main ;
Et c'est fini : tes yeux emportent
Tout ce-qui brûlait dans les miens.

Te souvient-il du soir de cendre ?
Des ciels ? des lumières ? des mots ?
De cette visite si tendre
À ce jardin plein d'animaux ?

Te souvient-il, sous la volière
Où roucoulaient tant de pigeons,
Du petit œil triangulaire
De la vipère du Gabon ?

Et, près de la ménagerie
Où l'éléphant parlait si fort,
De l'ours léger des Asturies
Marqué d'un seul papillon d'or ?

Te souvient-il de tant de choses ?
De la gare où, jusqu'à ce train,
Tu m'apportas ces œillets roses
Que mon cœur emporta si loin ?

Chers œillets ! sur mon cœur suprême
Comme un trésor qu'on veut cacher
Je les emporte ! et c'est toi-même
Qui revint plus tard les chercher !

Te souvient-il du matin pâle
Où nos yeux sous le firmament,
Bien plus troublés que des opales,
Se retrouvaient en se fuyant ;

Et du soir où nos deux colères,
S'étant dit adieu pour toujours,
Une heure après se redonnèrent
Les pleurs d'un éternel amour ?

Te souvient-il — sans que peut-être
Tu puisses l'oublier jamais —
De mes bras à cette fenêtre ?
Du chemin où mon pied courait ?

Te souvient-il, dans les bruyères,
De ce jeudi du mois d'avril
Où la chanson des lavandières
Nous poursuivait ? Te souvient-il

De ce printemps rempli de charmes ?
De cet hiver épouvanté
Qui noyait avec tant de larmes
Les pauvres bouquets de l'été ?

Te souvient-il de ces absences ?
Mon cœur, dans ces malentendus,
Parlait si haut dans le silence…
Comment n'as-tu pas entendu ?

De loin, que veux-tu que l'on fasse ?
Les cœurs de loin sont-ils donc sourds ?
Te souvient-il de tant d'angoisse ?
Te souvient-il de tant d'amour ?

Te souvient-il du paysage
Où le soleil semblait mourir ?
Te souvient-il de cet orage
Où nos deux fronts pour se couvrir

N'avaient l'abri que l'un de l'autre.
Quels éclairs ! et qu'il pleuvait bien !
Mais mes cheveux couvraient les vôtres,
Et tes cils recouvraient les miens !

Hélas ! hélas ! j'ai beau les tendre,
Mes mains, vers ces instants si doux,
Mes mains ne peuvent plus les prendre,
Ils sont bien loin derrière nous.

Adieu le dîner de Ciboure !
Adieu l'air du soir !... et je sens
— Dans ce printemps qui nous entoure
D'un bonheur aussi menaçant —

Que tout : l'étoile au cher sillage
Qui dans l'eau voulait se revoir ;
Tout : ce départ et ce voyage,
Ce retour et ce désespoir ;

Tout : le banc de pierre, les roses…
Tout prend déjà, pour nous meurtrir,
Cet aspect déchirant des choses
Qui deviendront des souvenirs !

LA REINE DES PYRENEES

...Quelques petits points d'or,

le soir, qui sont Bayonne...

Me pardonneras-tu, Ville aux flexibles formes,
D'avoir vécu treize ans tout près de toi, tout près,
— Si près que le vent chaud qui déployait tes ormes
Était le même vent qui fermait nos cyprès,

Sans t'avoir dédié la chanson méritée ?
Me pardonneras-tu, Bayonne aux cheveux noirs,
D'avoir attendu l'heure où je t'avais quittée
Pour te dire à la fin : « Écoute-moi ce soir ! »

Écoute-moi ce soir, Ville charmante et fière,
Ce soir est un grand soir aux souvenirs profonds
Et les petits ruisseaux qui vont à la rivière
S'arrêtent pour montrer leur cœur bleu jusqu'au fond.

Le vent, comme des fleurs, rapporte les années ;
Le fleuve est sans fureur ; l'air n'a qu'un seul parfum ;
Et je crois que tu peux, Reine des Pyrénées,
Entendre la chanson que je te chante enfin.

Quand j'ai voulu, ce soir, commencer ce poème,
On m'a dit que mes yeux ne te connaissaient pas,
Que j'étais étrangère, et que ton pavé même
N'avait pas eu de moi, peut-être, cinq cents pas ;

On m'a dit qu'il fallait, pour que des mots s'élèvent
Qui puissent sur ton sein vivre éternellement,
Au lieu de te chercher maintenant dans un rêve,
Mieux visiter jadis tes fameux monuments ;

Que, pour bien célébrer en des chants de cigale
La royauté de ton soleil et sa douceur,
Il fallait visiter jadis ta cathédrale
Et monter l'escalier avec le vieux sonneur ;

Qu'il fallait fréquenter ton célèbre musée ;
Déchiffrer l'écusson gravé sur ton réduit ;
Et lire du latin sur cette pierre usée
Que ta fontaine vive arrondit comme un puits ;

Qu'il fallait voir tes quatre portes invincibles
Et tous ces ponts-levis dont tu t'enveloppas ;
Qu'il fallait te connaître, — et qu'il est impossible
De parler de quelqu'un que l'on ne connaît pas !

Je ne te connais pas, moi ! moi ! douce Bayonne !
Moi qui ne pouvais pas te regarder le soir
Sans que tous les petits points d'or dont tu rayonnes
S'allument aussitôt dans mon cœur le plus noir ?

Je ne te connais pas ! moi qui ne peux entendre
Ton nom, ton joli nom sonore et fanfaron,
Sans qu'aussitôt je sente, à ma surprise tendre,
Combien mon cœur toujours tremblera de ce nom ?

Un soir, je suis passée en pleurant dans ta rue ;
Un autre soir que je revenais de Paris,
C'est entre tes bras frais que je suis descendue,
Toute dormante encor dans un grand manteau gris ;

Un autre soir au bruit d'un grelot qui résonne
J'ai traversé deux fois ton grand silence nu ;
Et, puisque ce soir-là je n'ai croisé personne,
C'est un instant de toi que moi seule ai connu.

Tu te mêlais toujours de mes moindres voyages ;
Tu me reconduisais et tu me recevais ;
Et, lorsque j'écrivais deux mots sur tes images,
C'était peut-être à toi que mon cœur écrivait ;

Et tu me répondais aussi, prenant peut-être,
Pour télégramme bleu tout le ciel rapproché :
Car je pouvais te voir de toutes mes fenêtres ;
Et tu me regardais de tes quatre clochers ;

Et nous n'avons jamais cessé de correspondre ;
De faire des signaux de toutes les couleurs ;
Un jour que ton brouillard venait juste de fondre,
Tu m'appelas de tous les cris de tes blancheurs

Pour me communiquer tes brises de résine ;
Et, quand je suis restée en noir pendant deux ans,
Je sais de quels bons yeux attendris de voisine
Tu m'offris tes lointains les plus compatissants !

Ah ! pour bien te connaître et pour bien te comprendre.
Je n'ai pas eu besoin de tourner tous les coins
De ton grand boulevard qui monte, ni de prendre
L'angle de ton Port-Neuf ; je n'ai pas eu besoin

De sentir un matin l'odeur de balsamine
De ton vieux cloître ; ni de constater un jour
Que ta devise blanche est celle de l'hermine,
Que ton sang d'émeraude est celui de l'Adour ;

Je n'ai pas eu besoin de compter dans ta rade
Les steamers qu'on attache à des canons noircis ;
Ni de voir tes enfants joncher tes promenades ;
Ni de voir tes troupeaux paître sur tes glacis ;

Ni de savoir comment la fine baïonnette
Sut allonger ton nom pour en faire le sien ;
Je n'ai pas eu besoin d'entendre les sonnettes
De tous tes muletiers qui sont musiciens ;

Je n ai pas eu besoin pour t'adresser des rimes
D'apprendre, en feuilletant l'Histoire d'autrefois,
Comment tu dénouas ta ceinture de cîmes
Pour tomber pâlissante aux bras du beau Dunois ;

Je n'ai pas eu besoin, Bayonne, pour qu'un rêve
Se déroulât, profond, de mon cœur jusqu'à toi,
De rencontrer, et puis de perdre, sur ta grève,
Les grands oiseaux de mer qu'on ne voit qu'une fois ;

Pas besoin d'admirer la triste transparence
Du beau château brûlé sur le ciel s'érigeant ;
Pas besoin d'admirer, dans ta Porte de France,
Saint-Étienne, ses tours et ses clochers d'argent ;

Ni même de passer sous ta Porte d'Espagne ;
Ni même de surprendre en un fiévreux remous
Le fleuve et la rivière arrivant des campagnes
Que tu laisses chez toi se donner rendez-vous ;

Ceux qui dans tes maisons vivent depuis l'enfance
Te voyant de plus près croient mieux voir ta beauté…
Je te voyais de loin, dans de l'or clair qui danse, —
C'est un voile si beau qu'il ne faut pas l'ôter !

Bayonne ! noble Ville aux épaules de pierre,
Tes bras sont des gazons pour qu'on y soit heureux :
Il y vient le matin de vieilles pâtissières,
Il y passe le soir de jeunes amoureux.

Mais de quelque côté, Bayonne, qu'on t'approche,
Ces beaux bras gazonnés, tu les tends aussitôt ;
Et, comme ils sont remplis d'amants et de brioches,
On est reçu par des baisers et des gâteaux ;

On est reçu par des frémissements de branches ;
Par du raisin musqué trottant sur des mulets ;
Et par un grand bonjour de ta poussière blanche
Au tournant de la rue ou sèchent des filets ;

Et, lorsqu'on a tourné sur tes beaux quais étranges
Où l'on ne voit jamais dormir un matelot,
On est reçu par des bateaux remplis d'oranges
Dont une, quelquefois, tombe et reste sur l'eau.

Ah ! je te connais bien ! Je connais ta faiblesse
Pour les roses bonbons d'un certain Cristobal ;
Et cependant je sais, Bayonne, que tu laisses
Le premier des festins pour le dernier des bals ;

Un air de violon te fait perdre la tête ;
Et tu t'en vas alors, folle, sur les tréteaux,
Avec dans tes cheveux des ailes de mouette
Et des rubans couleur du sang de tes taureaux !

Ô Bayonne charmante ! ô Bayonne profonde !
Je ne te connais pas ? moi ! moi qui jurerais
Que ton ciel est le ciel le plus divin du monde,
Alors que tous les ciels d' Espagne sont si près !

Moi ! je ne connais pas ton eau pâle qui tremble ?
Ah ! tous tes Bayonnais, Bayonne, qui passaient,
Ils ne voyaient donc pas, quand nous étions ensemble,
De quels yeux éperdus je te reconnaissais ?

Je les voyais de loin ces couchants pleins de grâce
Qui font à force d'or tes toits bleus presque gris ;
Tu me communiquais par un oiseau qui passe
Un peu du souffle vert de ton Pont Saint-Esprit !

Je respirais de loin le parfum de tes roses,
Ce parfum qui passait sur tout ce que j'aimais…
Ah ! Bayonne ! il y eut entre nous trop de choses
Pour que l'une de nous puisse oublier jamais.

Bayonne, j'entendrais encore au bout du monde
Ta voix qui ne disait que des mots de chanson ;
Tes arbres étaient bruns, mes boucles étaient blondes,
Mais nous avions ensemble un ciel bleu sur nos fronts.

Et l'on peut bien avoir pour amie une ville
Qui, gardant à jamais le rêve d'un seul jour,
Savait, cœur éternel près d'une âme fragile,
Borner infiniment l'horizon de l'amour !

LE PAYS BASQUE

Je t'aime, Pays Basque inoubliable, toi
Qui répands sans compter ton soleil sur les toits ;
Qui jettes brusquement, d'un nuage de suie,
La parole d'argent des lumineuses pluies
Auxquelles le gazon répondra par des fleurs ;
Je t'aime, Pays Basque aux cent mille couleurs
Et plus désespérant que l'arc-en-ciel lui-même ;
Pays Basque, charmant et terrible, je t'aime !
Toi qui blanchis tous les chemins ; toi qui lias
Les hivers aux printemps par des camélias,
Et qui mets une rose au bord de chaque averse ;
Toi qui sais fabriquer tout un tapis de Perse
Rien qu'avec une flaque où le ciel se mira ;
Toi qui, en la nommant brusquement « chistera »,
Devant un mur blanchi pour la folle bataille
Fais voler dans les airs la longue main de paille,
Et pose fièrement sur la beauté du soir
Comme un grain de beauté ton petit béret noir !

Cher Pays ! qu'ils sont beaux tes tremblants paysages !
Demande donc à ceux qui virent tes villages,
Ce que c'est qu'Espelette aux cerisiers fleuris !
Bidarray chante au bord du fleuve ; à Guéthary,
Près d'un chemin qui n'a que de l'or pour poussière,
La mer change de bleu n'ayant rien d'autre à faire ;
Le clocher de Halsou, sur un coteau lilas,
Semble monter dans les nuages ; et, là-bas,
Sous un soleil léger qui toujours l'illumine,
C'est Ainhoa-la-belle aux cheveux de glycine !
Ainhoa vers laquelle on peut s'acheminer

Lorsqu'on veut un peu voir l'Espagne avant dîner,
Car, ayant traversé ses arceaux de feuillage,
On passe par Urrugne, on arrive à Passajes,
On respire la brise à l'Ile-des-Faisans,
Et l'on n'a pas sitôt crié : « Allons-nous-en ! »
Que, le cœur encor chaud de ce qui nous entoure,
On a repris la route instable de Ciboure,
Repassé la frontière ou l'on s'arrête un peu,
Et retrouvé, parmi le soir maintenant bleu,
Ainhoa toujours pâle avec ses cheveux mauves ;
Et de l'autre côté, pour peu que l'on se sauve,
C'est, dominant la côte où vivent tant de fleurs,
Ustaritz appelé « le pays du bonheur » ;
Après, si l'on poursuit, c'est ce petit village
D'Araunts, et qui jamais n'eut le moindre langage.
Ils ne sont pas muets — voyez leur front vermeil —
Mais ne veulent pas perdre un instant de soleil,
Et, leur travail fini, méprisants et superbes,
Sans prononcer un mot ils se couchent sur l' herbe,
Trouvant toujours, dans l'air où circule du miel,
Que c'est assez parler que de répondre au ciel !

Je t'aime, Pays Basque, entouré de mystère,
De symboles profonds, de jardins solitaires…
Arbre qui se referme autour d'un rossignol !
Ciel où viennent mourir les refrains espagnols !
Route ou les pas sont blancs car l'espadrille est blanche !
Ah ! comment oublier sous les piments en branche
Ces balcons noirs que l'air voulait pâlir en vain !
Ah ! comment oublier le fidèle ravin
Qui d'un pas de Roland voulut garder l'empreinte !
Et ce grand arbre, dont une relique sainte

Habitait la maison d'écorce, et qui, dessous,
— Je le revois, cet arbre, au tournant d'Itxassou, —
Abritait, comme un fruit qui sous les feuilles brille,
Un enfant toujours nu et toujours en guenille
Qui ne pouvait vraiment qu'à un fruit ressembler
Et si beau qu'on avait envie de le voler !

Je t'aime, Pays Basque aux cent mille surprises !
Toi qui ne dis jamais d'avance si ta brise
Sera fraîche ou sera brûlante comme un feu ;
Toi qui peux tout ce que tu rêves ; toi qui peux,
Avec ta lèvre rouge et ta tempe pâlie,
Être fou sans Espagne et beau sans Italie ;
Toi qui possèdes tous les ciels qu'on a chantés ;
Toi qui n'es jamais toi ; et toi dont les beautés
Sont vraiment des beautés car elles sont fragiles…
Sur la pente en velours, les beaux moutons agiles
Montent jusqu'aux sommets vertigineux et verts
Et ne redescendront qu'au début de l'hiver…
Je sens encor l'odeur fanée et vagabonde
De ces feux qui dans la montagne se répondent ;
J'entends ces autres feux se répondant aussi,
Qui n'étaient pas des feux mais de sauvages cris,
Tous ces irintzinas[11] sortant du creux des branches ;
Je revois, parmi la noblesse des dimanches,
Cette cape de laine aux reflets de velours
Que les femmes portaient à l'église toujours,
Comme si elle était le vêtement de l'âme ;
Je revois une église aux papillons de flamme
Dont le curé était si tendrement chrétien

---

[11] Irintzina : l'Irrintzina ou Irrintzia (irrintzi signifie « cri » en basque) est le cri des bergers basques ou pyrénéens imitant le hennissement du cheval. *(Wikipédia)*

Qu'il ne se fâchait pas, même lorsqu'un vieux chien
Qui n'avait pas trouvé le bonheur sur la route
Venait le demander à la céleste voûte...
Je revois tout cela !... Je revois brusquement
La Vierge qui pleurait des pleurs de diamant
Si faible sous le poids des richesses bizarres ;
Je revois le tournant de la route de Sare ;
Je revois ces grands chars arrêtés sous les cieux
Qui, grandissant encor lorsqu'on s'approche d'eux,
Semblaient remplir le soir avec du trèfle rose ;
Je revois les buissons ; les oiseaux qui se posent
Toujours au même endroit ; je revois les couleurs
Que le matin jetait sur le peuple des fleurs ;
Je revois Socoa, d'où la vue est si belle,
Et le cap du Figuier tout couvert d'asphodèles ;
Je revois les mulets, gagnant d'un pas léger,
La foret d'Irraty qu'habitent les bergers ;
Je revois, sur les murs, l'étrange petit lierre
Qui ne Se nourrissait qu'en mangeant de la pierre ;
Et ces roses qui garnissaient tout un versant ;
Et Dancharinéa qui monte et qui descend...
Et si, laissant le calme aigu de la campagne,
On cherchait l'aventure au cœur de la montagne,
Un jour on découvrait l'ombrage d'Ahusquy,
Et l'on buvait un soir à la fontaine qui,
Vous ayant abreuvé, à ce point vous enchaîne
Qu'on ne peut plus jamais quitter cette fontaine,
Et que l'on reste là retenu pour toujours
Par cette eau qui, peut-être, a le goût de l'amour !
Ah ! comment oublier toutes ces poésies
Flottantes parmi l'air et par le cœur saisies ?

Poèmes qui n'étaient pas seulement des mots,
Mais des chants, des parfums, des frissons, des rameaux !
Ces légendes que l'on vous racontait, ces danses
Qu'on dansait sur un rythme à la sombre cadence
Tellement effréné et presque nietzschéen !
Rien... le soleil... les fleurs... les soirs... je n'oublie rien...
Et je retrouve, à l'heure où la nuit se rapproche,
Dans ma mémoire encor cette adorable cloche
Qui semblait apporter des murmures humains.
On s'étonnait... On demandait sur le chemin :
« Comment a-t-elle cette voix délicieuse ?
— C'est la cloche du Couvent des Silencieuses.
— Quel est donc ce couvent ? — Quoi, vous ne savez pas !
C'est ce clocher, après le bois de pins, là-bas.
Chacune pour toujours y fait vœu de silence ;
Leurs voix montent dans la cloche qui se balance ;
Et la cloche, le soir, parle dans le ciel bleu
Avec toutes les voix qui se donnent à Dieu ! »

Je t'aime, Pays Basque aux couchants d'améthyste !
Pays miraculeux où l'on devient si triste
Qu'il semble que l'on a contracté brusquement
L'inguérissable mal de tes chênes géants
Qui les fait tous pâlir sous une brise tiède.
Pour toi non plus on ne connaît pas de remède
Lorsque tu t'es glissé dans nos yeux éperdus,
Pays mystérieux, et qu'on ne peut pas plus
Comprendre que les mots qui sortent de ta lèvre ;
Pays qui sait donner et le calme et la fièvre,

Car il fait chavirer les cœurs sur l'horizon
Autant qu'il fait pencher les toits de ses maisons ;
Pays de rêve, de misère, et de folie,
Si beau qu'on ne peut plus l'oublier de la vie,
Plus beau que Naples même où l'on prétend mourir…
Trop beau pour que jamais on puisse y revenir !

VIOLET

Le ciel le fait avec des pluies…
L'amour le fait avec des pleurs !

I

Si jamais ton regard cessait d'être une étoile
Qui communique au jour la beauté de la nuit ;
Si, quand tu l'as porté, le moindre col de toile
N'était plus un objet d'inestimable prix ;

Si je ne tremblais plus de ta a moindre parole ;
Si je ne sentais plus, quand je suis avec toi,
Le chagrin merveilleux qui me rend presque folle,
Et mon cœur qui descend jusqu'au bout de mes doigts ;

Si je ne t'aimais plus, en un mot ! il me semble
Que mon regard voyant, comme un soleil qui tremble,
Tout cet amour fini, tout cet amour perdu,

Ne pourrait supporter pour toi cette détresse…
Et que, mon cœur encor se brisant de tendresse,
Je t'aimerais de voir que je ne t'aime plus !

II

Quelle heure est-il ? J'entends les rires de l'école.
Quelle heure est-il ? J'entends le grand pas du facteur.
Quelle heure peut-il être ? Un oiseau qui s'envole
Semble dire : « Dans l'air les chemins sont meilleurs ! »

Voici la vieille femme en noir, si mal coiffée
Qu'elle semble un buisson blanchi par le grésil.
Elle est peut-être folle ?... elle est peut-être fée ?...
Il faut la saluer toujours. Quelle heure est-il ?

Une chèvre, en dansant, traverse la lumière.
Quelle heure est-il, à la mairie ? au presbytère ?
Quelle heure est-il à la montre de mon poignet ?

L'heure à chaque pendule avance exacte et sage…
Mais à mon cœur, qu'arrête un unique visage,
L'heure, inexacte hélas, ne change plus jamais !

III

L'air, par-dessus le fleuve, arrivait de la plaine ;
La lune se levait du côté espagnol.
Nous marchions tous les deux : votre ombre, sur le sol,
Avait l'air doucement de protéger la mienne.

Au-devant de nos pas, des petits animaux
Dénonçaient leurs frayeurs par des fuites agiles ;
Le silence mêlait nos âmes difficiles
Qui, dédaigneusement, refusaient tous les mots.

Malgré l'obscurité croissante du feuillage,
Mon ardent souvenir éclairant ton visage,
Tu partais dans le jour, tu restais dans mes yeux ;

Un oiseau près de nous froissa le crépuscule ;
Et ta main eut alors, pour toucher mes cheveux,
Une douceur qui semble épargner… mais qui brûle !

IV

Des oiseaux, dans le ciel, se cognaient à des cloches ;
Nous montions la montagne à même les genêts ;
La France était divine et l'Espagne était proche ;
Tu dis : « Montons encor. » Nous fûmes au sommet.

Nous étions au-dessus de tout le paysage…
Je voulus, de mon front, rejeter mes cheveux,
Mais c'était, souviens-toi, la boucle d'un nuage
Qui venait un instant de me voiler les yeux.

Le jour tombait d'en haut. D'en bas montaient des ondes ;
Et je sentais, si près du ciel, si loin du monde,
Qu'il y allait avoir — il y eut en effet —

Des paroles venant de notre âme profonde…
Car tu me dis : « En bas, tu n'étais pas si blonde. »
Et moi je répondis : « Ne descendons jamais ! »

V

On roule vivement sur la route sans tache.
La blanche église sonne… où donc est le sonneur ?
On croise de grands chars de foin, d'où l'on arrache
Des brins, car il est dit que ça porte bonheur.

On traverse à présent la place du village.
Les petits magasins s'allument peu à peu.
L'épicier resplendit. Un enfant, d'un air sage,
Emporte un grand paquet dans un gros papier bleu.

Le village est passé. La route est infinie.
À droite, près du fleuve, un beau pin d'Italie
Tend vers la prime étoile un large bouquet noir.

Une maison, qui sur la route encor s'attarde,
A l'air de se cacher derrière un chien de garde…
— Et je ne t'ai jamais aimé comme ce soir !

LE SECRET MAL GARDÉ

Je t'adore ! et je veux le dire au jardinier !
À la pluie ! au soleil ! je veux que tout le sache :
La biche en liberté et la chèvre à l'attache,
Et tous les hannetons de tous les marronniers !

Je veux le dire aux gens qui passent sur la route ;
À tous les fins graviers qui craquent sur le sol ;
Que vous en soyez sûrs, Buissons ; que tu n'en doutes
Jamais, Cerisier pâle où vient le rossignol.

Je veux le dire aux fleurs, aux feuilles de dentelle,
Aux pointes des cyprès, aux bordures de buis ;
À ce maçon tout blanc qui rentre avec sa pelle ;
À cet enfant qui porte un pain plus grand que lui ;

À ce petit rocher qui goutte à goutte pleure ;
À cette femme en noir qui conduit trois mulets ;
À ce reflet qui plonge au fond du lac ; à l'heure
Qu'il est à la pendule ; au beau temps qu'il a fait.

Je t'adore ! et je veux le dire à ma paupière
Afin qu'elle le dise à mes yeux endormis ;
Je veux le dire à ce vieil escalier de pierre,
Pour qu'il le dise encore à toutes les fourmis ;

Je veux le dire à ce noir nuage qui laisse
Tomber ce reflet noir dont le jardin a froid…
Je t'adore ! et je veux le dire à ma tristesse,
Pour qu'emplissant mon cœur elle sache pourquoi.

Je veux le dire aux dahlias, aux giroflées,
Aux blancs géraniums, aux phlox incarnadins, —
Afin que mon secret, tournant à chaque allée,
Fasse en moins d'un instant tout le tour du jardin ;

À travers le jardin, la forêt, la prairie,
Et la fraîcheur des nuits, et la chaleur des jours,
Comme un ruban passant dans une broderie,
Je glisserai partout le bleu de mon amour.

Je veux le dire à l'hirondelle, et je veux qu'elle
Aille le dire au toit, et que le toit moussu
Le redise au vieux mur, et le mur à l'échelle,
Et l'échelle à celui qui montera dessus ;

Je veux le dire aux fils tremblants du télégraphe,
Pour que ces fils tremblants le disent aussitôt
À ce petit hibou qui chaque soir s'agrafe,
Immobile, au sommet pointu de ce poteau ;

Je veux que ce hibou sache que je t'adore,
Pour, lorsqu'elle viendra, qu'il le dise à la nuit,
Que la nuit, en partant, le redise à l'aurore,
Et que demain le sache aussi bien qu'aujourd'hui !

COMPLICITÉ

Doux visage vers qui mon âme se soulève,
Visage harmonieux de sa mère à vingt ans,
Visage qui sortez des brumes de mon rêve
Pour venir au-devant de mes tendres tourments ;

Visage de tendresse et de mélancolie
Que voici que je vois si nettement ce soir,
Doux visage qui sur une photographie
Ramassez votre cœur au fond de deux yeux noirs ;

Cheveux qui ne vouliez pas encore être tristes,
Cou frais qui blanchissiez sous un velours foncé,
Petites mains sortant des petites batistes[12],
Robe dont le volant passait dans le passé ;

Doux visage lointain de cette jeune fille
Qui, parce que peut-être elle tendit un jour
Une rose d'avril à travers une grille,
Fut celle qui donna la vie à mon amour…

Ah ! plus je pense à vous et plus je vous regarde,
Plus je sais que c'est vous qui me direz comment,
Lorsqu'on a pu le prendre il se peut qu'on le garde,
Ce cœur dont votre cœur régla les battements ;

Vous savez comme il est solitaire et farouche,
Et combien tout le temps il est mystérieux,
Ce cœur qui déjà tremble au coin de votre bouche
Et qui brûle déjà dans le fond de vos yeux.

---

[12] Batiste : toile de lin, très fine et très serrée, qu'on utilise en lingerie. *(Larousse)*

Comment apprivoiser cette flamme infinie ?
Comment garder l'éclair qui passe ? et, par quel soin,
Pourrai-je retenir près de ma simple vie
Ce regard emporté qui va toujours plus loin ?

Hélas, je ne sais rien des choses de la terre :
Mon cœur est enfantin, pathétique, et jaloux…
Mais, comme on se protège avec un scapulaire[13],
Je veux porter sur moi l'amour qu'il a pour vous.

C'est vous qui défendiez doucement la première
Cette force à qui, moi, je demande un appui ;
Et c'est vous qui jadis versâtes la lumière
À ces yeux dans lesquels je la cherche aujourd'hui

Il faut donc vous pencher vers mon rêve qui tremble
Et vous intéresser à mon brûlant bonheur ;
Il est si naturel que nous soyons ensemble,
Nous qui nous rencontrons chaque jour dans son cœur.

Moi, j'ai peur de la vie. Elle ouvre trop de portes.
J'ai peur de ce qui vient. J'ai peur de ce qui fuit.
Mais, comme je serais pour toujours la plus forte,
Si vous vouliez vous mettre avec moi contre lui.

Comment pourrait-il faire et que pourrait-il dire
Si, voulant quelque jour prendre un nouveau chemin,
Il était obligé de briser deux sourires
Et d'arracher de lui quatre tremblantes mains ?

---

[13] Scapulaire : pièce d'étoffe passée sur les épaules, descendant sur le dos et sur la poitrine, caractéristique de l'habit de certains ordres religieux et qui, sous sa forme simplifiée, est portée sous les vêtements par les laïcs pieux. *(Larousse)*

Sa lèvre de mon front se détacherait-elle
Si, lorsque son baiser voudrait être un adieu,
Votre petite main jadis de demoiselle
Était juste posée au bord de mes cheveux ?

Et, pourrait-il porter vers d'étrangères fêtes
Le délire nouveau d'un caprice insensé,
S'il savait qu'il verrait, en retournant la tête,
Vos yeux noirs tout remplis des pleurs que j'ai versés !

LA FIDÈLE INFIDÉLITÉ

Ah ! mon cher Amour, restez bien vous-même,
Restez bien vous-même et ne changez pas.
C'est vous que j'adore et c'est vous que j'aime,
Vous, votre regard, vos gestes, vos pas ;

Votre gravité, vos gaietés étranges
Comme si la vie en avait besoin ;
Et, dans la tristesse, une voix qui change
Comme si les mots venaient de plus loin.

C'est bien vous que j'aime et ce don suprême
D'avoir l'air esclave en restant royal.
Ah ! mon cher Amour, restez bien vous-même,
Avec tout le bien, avec tout le mal ;

Avec votre élan sans borne et sans cesse ;
Vos grands désespoirs, vos yeux parfumés ;
Avec tant de force et tant de faiblesse,
Restez bien celui que j'ai tant aimé.

Car, hélas, je suis follement fidèle :
Et, si vous cessiez un jour d'être vous,
Si vous n'aviez plus cette âme éternelle,
Ce cœur à la fois si brusque et si doux,

Ce tendre dédain du reste du monde,
Si vous n'aviez plus ce cœur délirant,
Si vous deveniez, chère âme profonde,
Quelqu'un, mon Amour, de très différent,

— Ô Destin cruel qui tourne et palpite
Et pense mourir entre deux douleurs —
Ne faudrait-il pas que mon cœur vous quitte
Pour pouvoir encor trouver votre cœur ?

Car, ne pouvant plus jamais reconnaître
Tout ce que j'aimais dans un étranger,
Je serais forcée, ô mon Amour, d'être
Infidèle, hélas, par fidélité…

Ah ! gardez ce cœur ! ce cœur est le vôtre.
Ne changez jamais !... car je tremblerais
D'adorer, si vous deveniez un autre,
Un autre qui, lui, vous ressemblerait !

LES CHOSES INUTILES

Pourquoi monter la flamme,
Et souffler sur le feu ?...
N'avez-vous pas mon âme,
Et n'ai-je pas vos yeux ?

Pourquoi ces barcarolles[14],
Et cet air de hautbois ?...
N'ai-je pas vos paroles ?
N'avez-vous pas ma voix ?

Pourquoi, sur cette armoire,
Ces livres entassés ?...
N'avons-nous pas l'histoire
De notre cher passé ?

Pourquoi, ces murs trop sages,
De tableaux les couvrir ?...
N'avons-nous pas l'image
De tous nos souvenirs ?

Pourquoi, tremblants fantômes,
Ces bouquets hier cueillis ?...
N'avons-nous pas l'arôme
De nos cœurs d'aujourd'hui ?

Pourquoi ce cri qui froisse
La langueur du jardin ?...
N'avons-nous pas l'angoisse
Déjà du lendemain ?

---

[14] Barcarolle : chant, souvent improvisé, des gondoliers vénitiens. Pièce vocale ou instrumentale évoquant le balancement d'une barque, très en vogue à l'époque romantique. *(Larousse)*

Pourquoi, clartés inertes,
Ces miroirs éternels ?...
La fenêtre est ouverte :
N'avons-nous pas le ciel ?

Pourquoi l'heure qui sonne
Nous dit-elle des mots ?
Nous n'attendons personne
Que, peut-être, un oiseau.

Et pourquoi, dans ce coin,
Là, cette mappemonde ?...
Il n'en est pas besoin
Pour oublier le monde !

FAIBLESSE

Lorsque jadis, ainsi qu'un poison merveilleux,
Lentement... sûrement... tu me versais tes yeux,
Avais-tu, mon Amour, bien calculé la dose ?
L'air n'est jamais irrespirable quand on cause,
Mais le silence a des procédés plus ardents...
Tes yeux me faisaient mal ; par pitié, sois prudent.
Contre un tel philtre, hélas, si terrible et si tendre,
Je n'ai presque plus rien qui puisse me défendre :
Longtemps j'avais gardé, comme contre-poison,
L'eau fraîche du ruisseau, les fruits de la saison,
Le bel entêtement d'un arbre qui veut vivre,
La gravité du rêve et les pages des livres, —
Mais maintenant, tout est fini, je n'ai plus rien ;
Et le hanneton d'or qui vibre, aérien,
N'a plus autour de moi la courbe qui console ;
Pour moi, l'herbe est sans fleurs et les fleurs sans parole ;
Je ne vis plus ; je ne ris plus ; je ne lis plus ;
La branche où les oiseaux sont les plus éperdus
Ne me protège plus, ni l'air, ni le feuillage, —
Car voici maintenant que tout le paysage,
Qui te couvre, et t'entoure, et de loin et de près,
N'est plus qu'un fond tremblant de ton vivant portrait ;
Tout, de toi se dégage et vers toi se rapporte ;
Et, quand tu n'es pas là, toutes les heures mortes
Ne sont autour de moi qu'un cercle qui m'étreint...

Ah ! comme tu pourrais me faire du chagrin !

LE VRAI CRI

Car ce n'est rien de toujours dire
Des mots qu'on ne pense jamais :
De pleurer, d'aimer, de sourire,
Sans y mêler son âme !... Mais

Quand je criais : « Quelle folie ! »
« Quelle joie ! » ou « Quelle douleur ! »
Je les criais avec ma vie…
Je les vivais avec mon cœur !

L'IMPOSSIBLE AMITIÉ

Dans un jardin proche des bois, dans un jardin
Où l'on aurait, avec les biches et les daims,
Des conversations quelquefois familières,
Dans un jardin sentant le buis, le thym, le lierre,
La mûre, le sureau, le gland et le marron,
Dans un tiède jardin où les doux pommiers ronds
Auraient encor du gui lorsqu'ils n'ont plus de pommes,
Je voudrais n'être rien près de toi qu'un jeune homme.
Je voudrais être ton ami.
                  Dans des sentiers,
Nous irions, sous un ciel bleu comme l'amitié.
On entendrait au loin le hennissement tendre
D'un arabe attaché qui ne veut plus attendre
Et qui s'impatiente en frappant du sabot.
Il y aurait de l'or dans l'air. Il ferait beau
Le soleil, sur le sol, mettrait de claires taches :
Sur les bancs, on verrait des journaux, des cravaches
Des romans jaune pâle et des gants de chamois.
Nous oublierions l'heure du jour, le jour du mois,
Ne connaissant avril que par les violettes.
Nous fumerions tous deux de blondes cigarettes.
J'aurais une cravate noire, un gilet clair.
Parfois, je te dirais : « Un peu de feu, mon cher ! »
Ou bien : « Raconte-moi les yeux de ta maitresse ! »
Et ce seraient, alors, dans la chaude paresse
Des longs jours, ou dans l'or calmé de leur déclin,
De ces propos mystérieux et masculins
Que nous ne connaîtrons jamais, nous autres femmes !
Peut-être du dandysme et peut-être de l'âme,
Lèvre qui rit encor quand le cœur faiblissait,
Un peu Stendhal, un peu Byron, un peu Musset :
On parle ; on est profond, subtil, terrible, tendre…

Et d'une chiquenaude on fait tomber la cendre
Qui par miracle tient au petit bout de feu !
Je serais ton ami.

               Nous serions là tous deux
Et nous nous dirions tout, sans crainte et sans mélange :
Comment le désir vient, comment le désir change,
Et qu'il est plus fatal, féroce, et frémissant,
Que l'oiseau vert qui happe une mouche en passant ;
Qu'il suit l'odeur d'un nom, la chanson d'une étoffe…
Et nous agiterions des mots de philosophe,
Comme des sons de cloche, entre nos souvenirs ;
Et nous nous griserions des printemps à venir
En sculptant des secrets sur l'écorce des hêtres ;
Parfois, tu suspendrais quelque brûlante lettre
Sous l'aile d'un pigeon qui saurait voyager ;
Et chacun de nos jours, transparent et léger,
Comme un baguenaudier[15] se couvrirait de bulles.
Ainsi que dans un frais distique[16] de Tibulle,
Je te souhaiterais des vergers pleins de fruits,
Des jours pleins de douceur et de plus douces nuits ;
Car du libre cerveau qu'enferme ton front lisse,
Autant que la grandeur j'aimerais le délice !
Je voudrais que le monde eût ton cœur pour appui ;
Que l'heureuse fortune, au bord clair de ton puits,
S'accoudât pour cent ans à côté de sa roue ;
Que, fendant ton lac bleu de sa fragile proue,
L'espoir, vers toi, toujours, fût un bateau qui vient ;
Que le plaisir dormît sous tes pieds comme un chien ;
Que les plafonds, pour toi, retrouvassent des roses ;

---

[15] Baguenaudier : Arbuste (papilionacée) au fruit vésiculeux et ornemental, aux fleurs rouges ou jaunes, originaire de l'hémisphère Sud. *(Larousse)*

[16] Distique : En français, groupe de deux vers formant un sens complet : Le menteur n'est plus écouté quand même il dit la vérité. *(Larousse)*

Je te voudrais parmi des ciels d'apothéose ;

Je te donnerais tout sans rien te demander.

Comme sur un drap vert on jette un coup de dés,

Je jetterais mon âme aux gazons de ta route…

Je t'aimerais sans pleurs, sans misères, sans doutes ;

Mon rêve comprendrait ton rêve à demi-mot ;

Et, si ton rêve, un soir, voulait monter plus haut

Parmi des ciels gonflés de nuages de cuivre

Où mon rêve, ébloui, ne pourrait plus le suivre,

D'un cœur tout embaumé d'altruisme hautain

Je saurais en toi-même adorer ton destin

Et t'aimer, même au prix de mon propre désastre,

Pour le palpitement unique de ton astre !

… Je serais ton ami.

                      Je te dirais : « Vois donc

Quels grands cils ont ces yeux baissés ! Quel abandon

A su désordonner les cheveux du feuillage !

Admire ce jardin ! Respire ce visage !

Ne passe pas si vite. Attends. L'air est si bleu

Qu'il a bien mérité qu'on le lui dise un peu ! »

Je t'aimerai sans cris, sans nerfs, sans jalousie.

Si quelque femme était belle en Andalousie,

Avec des yeux de flamme et des bras de jasmin,

Je te dirais : « Partons ! tu la verras demain !…

Veux-tu ce cœur ? ce fruit ? ce danger ? ce mystère !

Quoi encore ? On n'est pas assez longtemps sur terre

Pour priver celui-là que l'on aime le mieux.

Prends du bonheur avec ta bouche, avec tes yeux,

Prends la vie ! Ah ! je veux qu'elle te soit charmante !

157

Prends-la toute ! prends-la !... » Mais je suis ton amante !
Et tu dois me mentir, et moi te tourmenter !
Et lorsque je te tends un baiser velouté,
J'ai quelquefois tout le cœur d'une bête de proie !
Car je veux tout te prendre : et les instants de joie,
Et les sourires lourds, et les rires légers !
Je ne désire ton bonheur qu'autant que j'ai
Bien vu qu'il suit la courbe exacte de ma lèvre !
Autour de toi je rôde avec des yeux de fièvre,
Et devant toi je vais, écartant de la main
La branche qui charmait un peu trop le chemin.
Lorsqu'un chant, au lointain s'éloignant sans secousse,
Semble mettre à la nuit une pédale douce
Et qu'il prétend traîner tous les cœurs après lui,
J'écoute avec horreur la douceur de la nuit ;
L'été, quand tu souris, je t'entoure de pièges ;
L'hiver, lorsque tu sors, j'interroge la neige ;
Quand tu ne parles pas, j'exige des serments ;
Et, lorsque tu les fais, je jure que tu mens.
Et je soupçonne tout : la brume en ses écharpes ;
Et la brise d'été qui, renversant sa harpe,
S'en fait un bateau d'or pour mieux traverser l'eau ;
Je soupçonne la lune et ce pâle halo
Qui se forme en lumière et qui répand le trouble ;
Et je vais supplier chaque jacinthe double
De ne pas se mêler au prime acacia.
J'ai peur de cet air bleu dans lequel il y a
Trop d'arbres qui sont verts, trop de fleurs qui sont roses ;
Redoutant les effets, je tremble aussi des causes ;
Je ne veux pas qu'en toi glisse tout ce printemps
Qui nous fait la main moite avec les yeux flottants ;
Je ne peux pas souffrir que les saisons te touchent,

Ni que le miel d'une heure ait fondu sur ta bouche ;
Je ne peux pas souffrir qu'une nuit trop d'été
Te passe au cou des bras qui sont des roses thé...
Et je vais, arrêtant tes rêves dans leur course ;
Et je vais, apportant au bord de chaque source
Où ton désir, comme un pied d'oiseau, se posa,
Le lamentable cœur dont parle Spinoza.
Je crains tout ce qui rit, j'éteins tout ce qui dore :
Bref, je suis avec toi, avec toi que j'adore,
Avec toi dont je meurs, presque comme serait
Quelqu'un, ô mon Amour, qui te détesterait !

LA RÉPONSE

Ah ! n'attends jamais de mon cœur
Une réponse médiocre :
Quand tu vois briller au ciel d'ocre
Tant de problèmes de lueur ;

Lui demandes-tu, quand il traîne
Tous ces paradis en flocons,
De ne refléter qu'une plaine
Avec des fleurs et des moutons ?

Demandes-tu à cette vague
Qui monte en écume de feu
D'avoir, sans sa voix qui divague,
Le murmure d'un ruisseau bleu ?

Demandes-tu à la panthère
Qui bondit au sable sans fin
De quitter le bord du mystère
Pour marcher au bord du chemin ?

Plus la demande est infinie,
Plus mon cœur sait s'y retrouver :
Et je t'avais donné ma vie
Quand tu demandais un baiser !

BEAUTÉ DIVINE DES NUAGES

Beauté divine des nuages…
Ah ! comment dire la couleur
De ce miraculeux voyage
Qui mêla mon cœur à ton cœur !

C'était rose, royal, champêtre,
Éternel, — et même enfantin.
C'était ce que le soir, peut-être,
Pense en regardant le matin.

Sous tant de clarté, le cœur doute ;
La joie est une angoisse aussi.
On croyait prendre sur la route,
Vers le bonheur, des raccourcis.

Le ciel est bleu, la mer est basse.
De loin je regarde et je vois
Un merveilleux passant qui passe…
Ce passant merveilleux, c'est toi !

De loin je te photographie
Dans un petit verre carré.
C'est bien toi. Jamais de ma vie
Je ne t'ai autant adoré.

Toi ! Dans la brise, tu respires.
Tu vas, et tu viens, et tu vis…
Tu t'assieds sur un banc pour lire
Le petit journal du pays.

Je marche dans l'eau sur la plage
Pou rte rejoindre à l'horizon ;
Tous les bateaux sont en voyage ;
Nous revenons vers les maisons,

Vers les jardins, vers les musiques ;
Le vent ferme son éventail.
Ô les ravissantes boutiques !
L'une est le Palais du corail.

Mes yeux soulignent de tendresse
Le moindre geste que tu fis ;
Sur nos pas, les magasins dressent
Des espaliers de fruits confits ;

Je ne vois pas le nom des rues,
Ton bras est passé sous le mien ;
L'église a des vieilles statues ;
Les oiseaux sont italiens ;

Leur cantate n'est pas surprise
De se poser sur un palmier.
Quelle douceur ! Comment la brise
Savait-elle que vous m'aimiez ?

Ah ! que la promenade est brève
Quand c'est toi qui la proposas !
Il y eut de tout dans ce rêve :
Des oranges, des mimosas,

Un chapeau noir qui, pour te plaire,
S'ajoutait un voile argenté ;
Et de merveilleuses colères
Que l'amour seul peut inventer, —

Des adieux frémissants, des fièvres :
« Où donc est-elle ? — Où donc est-il ? »
Une heure après, entre nos lèvres,
Nul n'aurait pu passer un fil !

…Mais la vie, hélas, va trop vite,
Le matin touche le tantôt…
Comme en tes bras je suis petite,
Quand tu me passes mon manteau.

Mon cœur, fou de tendresse, tremble
Comme la plume d'un bambou…
Et je t'aime tant qu'il me semble
Que tu ne m'aimes plus du tout !

L'HEURE QU'IL EST

Tu dis : « Quelle heure est-il ?... » et, d'un cri amoureux,
Je répondis : « Mais il est l'heure que tu veux.
L'heure que tu voulais sera celle qui sonne ! »
Alors, tu t'écrias : « Ô trop tendre Personne,
Je ne marque pas l'heure avec ma volonté.
Quelle heure est-il ?...

           — J'ai répondu la vérité :
Puisque, lorsque tu dors, c'est la nuit éternelle ;
Puisque, lorsque tu veux qu'un beau jour ait des ailes,
On s'aperçoit soudain qu'on est au lendemain ;
Puisque, parfois, tu n'as qu'à me presser la main,
Pour verser l'infini dans une humble seconde ;
Puisque, lorsque tu pars, je sens trembler le monde ;
Puisque, quand tu reviens de n'importe où, j'entends
Même au cœur de l'hiver tous les chœurs du printemps ;
Puisque, si tu le veux, je souris et je pleure ;
Et, puisque brusquement ce ne serait plus l'heure
Que de mourir si tu me refusais tes bras, —
Il est donc, tu vois bien, l'heure que tu voudras !

PALPITATION

Le ciel s'éteint... Dans l'ombre noire
Dorment les petits animaux...
Et, toute cette pauvre histoire
Pourrait tenir en quelques mots.

Cette pauvre histoire si tendre
Qui va si près... qui va si loin...
On peut la dire, on peut l'entendre,
En quelques mots, ni plus, ni moins :

Depuis le soir, le soir si rose,
Où je te vis, où tu me plus,
Mon cœur ne fait pas autre chose
Que t'aimer toujours un peu plus...

Et mon cœur, tout mon cœur n'existe
Que pour batte contre le tien,
Jusqu'au soir, jusqu'au soir si triste,
Où tu m'aimeras un peu moins !

VALSE

Crois-tu qu'un jour, dis-moi,
Un pauvre jour funeste,
Un pauvre jour qui reste
Plus loin que ce qu'on voit ;
Crois-tu qu'un jour, dis-moi,
De n'importe quel mois,
Crois-tu vraiment qu'un jour
Finira notre amour ?

Crois-tu vraiment qu'une heure,
Qu'une heure du destin,
Une heure qui demeure
Dans un affreux lointain ;
Crois-tu vraiment qu'une heure
De n'importe quel jour
Sonnera sans retour
La fin de notre amour ?

Crois-tu qu'une seconde
D'une heure ou bien d'un mois
Verra ce jour d'effroi ?
Crois-tu qu'une seconde
M'arrachera le monde
En t'arrachant à moi ?...
Ah ! Dis-moi « non » cent fois !
Surtout si tu le crois...

TRISTESSE !

Tristesse ! Tristesse ! Tristesse !

. . . .

Larmes qui dédaignent les yeux,

Mais dans le cœur coulent sans cesse,

Mais dans le cœur coulent bien mieux…

Tristesse ! Tristesse ! Tristesse !

Matin plus fatigué qu'un soir,

Rire plus gris qu'un désespoir ;

Et, au milieu de cela, quelle

Mémoire fidèle et cruelle

Qui vient rapporter tout le temps

Des fleurs, des morceaux de printemps,

Des chères quantités affreuses

De petites choses heureuses ;

Quelle mémoire ! Elle revoit

La couleur que prenait ce bois,

La pâleur qui glaçait ce marbre,

L'étoile qui perçait cet arbre,

Et les chansons, et les saisons

Sur le toit de cette maison,

Et les volets, et tant de choses,

Tant de choses et tant de roses,

Qu'il semblait en rester après

Pour le printemps qui reviendrait…

Tristesse ! Tristesse ! Tristesse !

Souvenirs déchirants qui blessent

Le cœur d'un poignard inconnu.

Et que d'affreux malentendus !

Qu'elle est loin la petite cloche

Du troupeau bleu qui se rapproche,

(Car ils étaient bleus les troupeaux

Quand ils descendaient les coteaux) ;

Qu'il est loin le grand chêne tendre
Qui semblait parfois condescendre
À parler avec un roseau ;
Qu'il est loin le charmant oiseau
Qui venait chanter tous les soirs
Mais qu'on n'arrivait pas à voir ;
Il chantait de tout son pouvoir
Mais refusait qu'on le connaisse…
Était-ce, cet oiseau chanteur,
Le symbole frais du bonheur
Ou l'écho divin de nos cœurs ?
Était-ce le destin ? était-ce ?...

Tristesse ! Tristesse ! Tristesse !

JARDIN MIRACULEUX…

Jardin miraculeux, tu connus les secondes
Où mon cœur éclatait de joie et de douleur ;
Et, ton écho toujours veillant près de tes ondes,
Tu répétais mon rire et reflétais mes pleurs.

Toi qui sais le comment et le pourquoi des choses,
Ne sois pas trop sévère, et pas trop indulgent ;
Et, lorsque je reviens sangloter sur tes roses,
Ne me réponds qu'avec une étoile d'argent !

LES FLEURS PARLENT

« Crois-tu qu'Elle soit là ?

— Mais oui, depuis hier soir.

Le jardin n'était pas encor tout à fait noir ;

Elle a pu voir encor les roses presque une heure.

— Et, depuis qu'Elle est là, que fait-elle ?

— Elle pleure.

— Comment ?

— Elle a pleuré hier soir jusqu'à minuit.

— Et ne croyez-vous pas qu'elle pleure d'ennui ?

Entre le bois si sombre et le pâle feuillage ?

Personne à voir ici, sauf, dans le paysage,

Quelques moutons et quelques étoiles d'été…

— Elle a comme toujours n'est-ce pas apporté

Dix robes ? dix chapeaux ?

— Hélas ! soyez surprise :

Elle n'a rien…

— Quoi, rien ?

— Pas même une valise.

— Que traînait-elle donc, en pleurant de si lourd ?

— Son cœur…

— Son cœur ?

… rempli des larmes de l'amour ! »

170

DIALOGUE RESTÉ DANS UN JARDIN

« Sens-tu quelle douceur monte de ce vallon ?
— Une voix que l'on aime est comme un violon.

— Savais-tu que ta robe a la couleur du fleuve ?
— Le ciel n'a qu'à te voir passer pour qu'il m'émeuve.

— As-tu jamais compté les peupliers là-bas ?
— Même sur le gazon je reconnais ton pas.

— Distingues-tu le bruit du torrent sur les pierres ?
— Toi seul as de tels yeux sous de telles paupières.

— Penses-tu qu'il y ait des étoiles ce soir ?
— J'aime sur ton col blanc tes brusques cheveux noirs.

— Entends-tu cet oiseau qui dans l'arbre s'attarde ?
— Je comprends à ta voix que tes yeux me regardent.

— Sais-tu que ton collier brille encore à ton cou ?
— Je crois décidément que tu m'aimes beaucoup.

— Quel livre lisais-tu : *Adolphe* ou *Dominique* ?
— L'amour que j'ai pour toi est un amour unique.

— Vois-tu comme la nuit efface les chemins ?
— J'attends éperdument que tu prennes ma main.

— Connais-tu ce mouton qui court avec sa cloche ?
— J'entends, au bruit du mien, que ton cœur se rapproche.

— Donne ta main. Tu n'as plus de bagues... pourquoi ?
— J'ai jeté mes anneaux pour mieux serrer tes doigts ! »

171

DIALOGUE À DISTANCE

*Le seul malentendu
de l'amour, c'est l'absence…*

« Dis, nous nous adorions ?... Rappelle-toi les choses :
Tu te croyais un peu la sœur des grandes roses ;
Tu rayonnais, dans le halo de ton émoi,
Comme un cœur qui serait une fleur…

— C'était moi !

— Chaque saison qui passe est un siècle qui tremble ;
Nous ne vivons tous deux qu'en respirant ensemble ;
Chaque oiseau qui passait se pose au bord du toit ;
Et ton cœur tout le temps s'effeuille...

— C'était moi !

— Puis voici que tu pars à travers la campagne,
Avec un désespoir fougueux qui t'accompagne ;
Tu pars, comme enroulée en un manteau d'effroi,
Loin de tout le bonheur.

— Non ! ce n'était pas moi !

— Et je te vois aussi dans une ville immense,
Avec autour de toi, des grimaces qui dansent ;
Ton regard est si triste, hélas, que j'en ai froid ;
Ton œil semble égaré…

— Non ! ce n'était pas moi !

— Comme tu sembles pâle, et faible, et douloureuse !
Ne vas-tu pas mourir ? Sur tes yeux qui se creusent,
Tu passes tout le temps tes frénétiques doigts,
Comme pour t'éveiller d'un rêve…

— C'était moi !

172

— Comme tu es lointaine au fond de ce voyage…
Tu pleures toujours plus... et toujours davantage...
— C'est moi ! sans être moi ! Comprends-le donc enfin :
Puisque mon cœur jamais n'avait quitté le tien ! »

RÉMINISCENCE

Le soleil fuyait le front du feuillage,
Un frisson léger parcourait les bois,
Quand je t'ai quitté le cœur plein d'émoi
       Près de ce village
Que ton cœur fragile aimait comme moi
       Sans savoir pourquoi.

Le ciel n'était pas du bleu dont je l'aime,
Ni du plus beau vert, ni du plus beau blanc ;
Il était d'un gris et d'un gris troublant
       Et jamais le même ;
Mais je m'y connais en ciel… Ce pendant
       Il était charmant.

Tu te mis à rire en voyant les cygnes
Manger tout le pain que je leur tendais ;
Un corbeau passa, d'un noir violet,
       Semblant faire un signe ;
J'allais avoir peur… mais tu plaisantais
       Et moi je t'aimais.

Je ne devais pas revoir ton visage
Car j'allais partir et je l'ignorais,
Partir le soir même, un soir de juillet,
       Pour un long voyage.
Je ne croyais pas que je te quittais,
       On ne sait jamais…

Je ne savais pas que nos voix qui tremblent
Avaient ce jour-là raison de frémir,
Qu'un soupir suivrait un autre soupir
         Sans qu'on soit ensemble…
Je ne savais pas qu'on pût tant souffrir
         Sans même en mourir !

UN CŒUR ET UNE CHAUMIÈRE

Que faut-il pour être heureux ?
Un cœur et une chaumière.
C'est ce que l'on fait de mieux
Dans les rêves de la terre.

Les châteaux sont trop nombreux
Où l'on n'a que la misère ;
Que faut-il pour être heureux ?
Un cœur et une chaumière.

Les mots sont plus amoureux
Quand le mur n'est pas de pierre ;
Tout le jour j'aurais tes yeux,
La nuit j'aurais tes paupières…

Et, ne gardant au ciel bleu
Qu'une étoile pour lumière,
Nous n'aurions, pour tous les deux,
Qu'un cœur et qu'une chaumière ?

S'IL LE FALLAIT

S'il le fallait, mon bien-aimé,
— Quittant la ville et sa lumière —
Avec vous j'irais habiter
   Une chaumière.

S'il le fallait, mon bien-aimé,
— Sans vous le soleil est trop terne —
Avec vous j'irais habiter
   Une caverne.

S'il le fallait, mon bien-aimé,
— Pour que l'étoile nous regarde —
Avec vous j'irais habiter
   Une mansarde.

S'il le fallait, mon bien-aimé,
— Quittant toute la terre blonde —
Avec vous j'irais habiter
   Au bout du monde.

S'il le fallait, mon bien-aimé,
— Quittant toute la vie entière —
Avec vous j'irais habiter
   Un cimetière !

UNE ROBE

Ô Robe couleur d'un seul jour ;
(Robe de fil ou de velours)

Robe si doucement humaine ;
(Robe de satin ou de laine)

Robe qui sentit battre, un jour,
(Robe de fil ou de velours)

La fièvre divine et païenne
(Robe de satin ou de laine)

De mon désespérant amour
(Robe de fil ou de velours)

Et de la merveilleuse peine…
(Robe de satin ou de laine)

Hélas ! que votre temps est court,
(Robe de fil ou de velours)

Quand vous portez même une traîne.
(Robe de satin ou de laine)

Mais il arrivera qu'un jour
(Robe de fil ou de velours)

Une autre robe sera mienne ;
(Robe de satin ou de laine)

Une autre robe sans amour
(Robe de fil ou de velours)

Qui ne respirera qu'à peine ;
(Robe de satin ou de laine)

Une robe aux plis froids et lourds,
(Robe de fil ou de velours)

Qui me sera toujours lointaine…
Et que je porterai toujours !

AU FOND DE LA PREMIÈRE ALLÉE

Au fond de la première allée, un peu à droite,
Près du coin que toujours traverse la benoîte
Pour, dès la messe dite, aller chez le curé
Les mains pleines d'un bol de chaud bouillon doré ;
Près de ce coin sauvage où tant de fleurs champêtres
Ne cessent de trembler, de mourir, et de naître,
N'ayant, pour respirer leur fragile parfum,
Qu'un oiseau étonné d'être venu si loin ;
Devant la porte basse aux courbes ogivales
Qui fait prendre à l'église un air de cathédrale
Dont le bon vieux clocher indulgemment sourit ;
Devant le chapiteau sur quoi le Saint-Esprit
Ouvre depuis cent ans ses ailes de colombe,
Il est, sous deux cyprès, une petite tombe
Qui, blanche au cœur des jours et bleue au cœur des nuits,
N'arrête les vivants que par un mur de buis.

LES TROIS CYPRÈS

Je connais maintenant la place au cimetière
Où j'irai m'endormir pour une éternité :
C'est, entouré de buis foncé comme du lierre,
Un blanc petit carré de fleurs, bien abrité
De la brise l'hiver et du soleil l'été.

C'est un carré de fleurs, si près de la rivière
Qu'on entend le courant de l'eau bleue, et si près
De l'église qu'on peut entendre les prières…
De temps en temps, un souffle imperceptible et frais
Fait à peine bouger l'ombre de deux cyprès.

C'est là que je viendrai oublier toute chose,
Que mes inertes doigts, croisés par d'autres doigts,
Que mes doigts oublieront d'avoir les ongles roses,
Et ne porteront plus que les bagues de bois
D'un petit chapelet bénit roulé deux fois.

C'est là que j'oublierai la couleur des abeilles
Et la douceur d'un soir qui porte une chanson ;
C'est là que j'oublierai les grâces sans pareilles
Des oiseaux qui, marchant sur le bord du gazon,
Cherchent le petit cœur jaune d'un séneçon.

C'est là que j'oublierai le regard des pensées
Qui semblent, près du sol, des yeux changés en fleurs,
Et, se fonçant ainsi que des lèvres gercées,
Ces roses de carmin qui, les soirs de chaleur,
Semblent vouloir mourir à force de couleur.

J'oublierai tout : ce qui fut doux, ce qui fut tendre ;
Ces refrains inconnus qui traversent la nuit
Cependant qu'une roue au loin se fait entendre,
Et le printemps qui vient, et le ruisseau qui fuit,
Et, sur le talus noir, le ver-luisant qui luit.

Ah ! si, dans cet oubli où je m'en suis allée,
Tu fais parfois chanter le rythme de ton pas ;
Si tu prends quelquefois la funéraire allée
Parmi tous ces chemins multipliés et las
Qui n'ont presque plus l'air de chemins d'ici-bas...

N'apporte pas de fleurs ! car je n'aimais les arbres
Et les fleurs que les jours où tu les respirais,
Mais viens ! et que, tremblante au-dessus de mon marbre,
Ton ombre, comme un cœur encor qui frémirait,
Soit un cyprès d'amour entre les deux cyprès.

LA MAUVAISE FÉE

Ô Mort ! mort sans pitié pour nos cœurs qui palpitent !
Toi dont les yeux creusés ne sont que des orbites ;
Mauvaise Fée ayant pour baguette une faulx ;
Toi qui prends pour venir les détours les plus faux ;
Toi que n'arrête pas le champ le plus champêtre ;
Toi qui brises la porte, et pousses la fenêtre,
Et qui, pour te cacher sous un front de velours,
Osa prendre parfois le masque de l'amour,
Abominable mort, qui nous guettes sans doute
Au bord de chaque soir, au bord de chaque route ;
Toi qui doubles l'hiver et troubles le printemps,
Inadmissible mort, c'est grâce à toi pourtant
Que Celui qui régna sur mes heures humaines
Regarde les petits arbres bleus de mes veines
Avec cette détresse où tremble tant d'amour !
Oui, mort, c'est grâce à toi qu'il n'est pas un seul jour
Où son œil anxieux n'observe et n'interroge
La fragile clarté palpitante qui loge
Sous chacune de mes paupières ; grâce à toi
Il voit mieux mon visage et comprend mieux ma voix ;
Et c'est parce qu'un peu, ô mort, elles t'imitent
Que mes moindres pâleurs le font trembler si vite…

LE DERNIER MIROIR

Quand je mourrai, prends doucement des fleurs vivantes
Et viens les mettre autour de moi… je comprendrai.
Quand je mourrai, demande à des oiseaux qui chantent
De s'approcher de la maison. Quand je mourrai,

N'ouvre plus une lettre et va fermer la porte
Pour que rien d'étranger n'entre dans la maison ;
Et, pour que par un chemin neuf mon âme sorte,
Ouvre bien la fenêtre au cœur de la saison ;

Jette les potions, brise les compte-gouttes,
Fais-moi grâce de tous les petits cachets blancs,
Mais donne-moi le chant qui passe sur la route,
Et fais-moi respirer quelques astres tremblants ;

Laisse entrer près de moi le soir vêtu de branches ;
Et, la fenêtre n'étant plus qu'un carré bleu,
Laisse mon front mortel s'appuyer sur ta manche,
Et serre-moi la main, de temps en temps, un peu ;

Donne-moi jusqu'au bout cette énergie ardente
Que ton bras m'apportait quand il faillait souffrir,
Et si mon agonie est longue, — patiente…
Ce n'est jamais très long, après tout, de mourir !

La vie, en s'en allant, me rapporte des choses :
Un ciel… un soir d'octobre… un mot… un arbre… un banc…
Quelle robe va-t-on mettre ?... Oh ! pas la rose !
C'est trop gai pour dormir, tous ces petits rubans.

Mon chien, qui m'a cherchée, est derrière la porte,
Frottant le bois du bout de son museau pointu…
Oui, je veux bien qu'il entre… Oh ! que les fleurs sont fortes…
J'entends ta chère voix qui me dit : « M'entends-tu ? »

J'entends ta voix qui de plus en plus s'inquiète,
Et qui dit, maintenant : « Respire-t-elle encor ? »
Mon cher amour, vous parlez bien trop fort… vous êtes
Fou de parler si fort… il faut parler moins fort…

J'entends encor très bien les choses que vous dites.
C'est un peu comme quand on dort, le front penché…
— Ainsi qu'une leçon qu'il faudra qu'on récite,
Je repasse mon âme… Était-ce un grand péché

De t'avoir adoré chaque jour davantage,
Aujourd'hui plus qu'hier et bien moins que demain ?…
— Mon nom, sentant déjà qu'il n'aura plus de cage,
Vole comme un oiseau échappé d'une main…

Ah ! redis-le, ce pauvre nom dont tu m'appelles
Et qui déjà dans l'air est presque un étranger ;
Ce nom qui palpita sur des heures si belles
Et qui t'appartenait comme tout ce que j'ai ;

Redis-le ! C'est encore un peu de moi présente ;
C'est encore un écho déchirant du bonheur…
Je peux l'entendre encor. Je suis encor vivante
Tant que ton cœur vivant croit écouter mon cœur.

Parle encor ! Parle-moi ! Mon âme n'est pas sourde.
Si tu vois qu'au départ cette âme s'affola,
Ah ! prends-moi dans tes bras. Je ne suis plus bien lourde.
Il fallut tant souffrir pour en arriver là.

Respire mes cheveux encor parfumés d'ambre…
Et, m'ayant prise dans tes bras, emporte-moi
Tendrement dans la mort, comme en une autre chambre
Où je devrai t'attendre en ayant un peu froid…

Et si, me redressant avant la dernière heure,
J'exige pour partir un suprême miroir,
Sur mon regard mourant penche tes yeux qui pleurent
Car dans des yeux mouillés on ne peut pas se voir !

LORSQUE JE NE SERAI PLUS LÀ

Lorsque je ne serai plus là pour rien entendre,
Plus là pour être faible, exagérée et tendre,
Plus là pour être moi, avec tous mes défauts,
Mes petites fureurs, et mes talons trop hauts
Qui trébuchent toujours sur l'escalier de pierre ;
Lorsque mes yeux, domptés enfin par mes paupières,
Habiteront le soir qui n'a pas de matin ;
Lorsqu'il ne restera, de mon humble destin,
Qu'une ombrelle d'avril, un manchon de décembre,
Et, peut-être, traînant encor par une chambre,
La manière dont je prononçais certains mots ;
Quand tout le monde aura, même les animaux,
Et même mes deux chiens qui ne me quittent guère,
Oublié que je fus si vivante naguère
Et, lorsque je courais, comme nous allions loin ;
Quand je ne prendrai plus le beau ciel à témoin ;
Quand je ne pourrai plus m'entendre avec les roses,
Ni préférer injustement les vers aux proses,
Ni parler des romans que je n'ai jamais lus ;
A l'heure du couchant, quand je ne pourrai plus
Marcher jusqu'aux genoux dans la traînante brume ;
Lorsque mon âme aura, pauvre petite plume,
Volé très haut, plus haut que tout ce que l'on voit,
Abandonnant mon corps qui, tout seul, aura froid
Dans l'horrible cercueil dont je connais la place ;
Quand je ne pourrai plus regarder dans la glace,
Non mon visage à moi ! qui m'intéresse peu,
Mais celui vers lequel tournent toujours mes yeux ;
Quand on n'entendra plus dans le grand vestibule
— Petit grelot qui tinte ou qui tintinnabule —
Le bruit qui me suivait ou qui me précédait
De ces clefs que dix fois chaque jour je perdais ;

Quand mon pied n'aura plus son portrait sur le sable ;
Quand, portant jusqu'à nous leur âme délectable
Et poussant les carreaux de leurs parfums pressés,
Les leurs n'entendront plus leurs beaux noms annoncés
Par ma voix qui toujours tendrement les accueille
En s'écriant : « L'iris chinois ! le chèvrefeuille
Du grand mur ! le petit lilas ! le grand lilas ! »
Quand je serai partie — et non partie, hélas,
Pour une tendre course à travers la prairie ;
Quand je serai partie, — hélas, et non partie
Pour un de ces villages clairs ou nous allons
Et qui, dans la montagne, ont de si brusques noms
Et des seuils si bavards sous un balcon tranquille ;
Quand je serai partie, hélas, — non pour la ville
D'où l'on revient, le soir, avec des récits gais
Et beaucoup de paquets dans des bras fatigués ;
Quand je serai partie, en un flottant mystère,
Bien loin de tout cela, si doux, qui fut la terre :
Saisons, frissons, chansons, désirs et souvenirs,
Gaité de s'en aller, douceur de revenir,
Prairie où l'on mordille une feuille de menthe,
Amusement de mettre une robe charmante,
Quand j'aurai tout quitté : la douceur du vallon,
Le fleuve, ce ruban ! le vent, ce violon !
Tout ce qu'on prend du cœur ému d'un paysage,
Tout ce qu'on met de soi sur un autre visage ;
Quand je n'aurai plus rien, plus rien de tout cela ;
Quand j'aurai tout quitté, l'écho qui me parla,
— Toujours du même avis que moi, par politesse ! —
Quand mon nom aura pris la tranquille tristesse
Que prenaient brusquement, dans le plus fol été,
Ces logis qu'un départ laissait inhabités ;

Quand je serai plus loin que la dernière lande ;
Quand je serai partie, un soir, sans qu'on entende
Même le petit cri de mes souliers, — ô Vous
Que j'aimais d'un amour si terrible et si doux,
Regardez doucement la page de ma vie.
Ne vous rappelez plus ce qu'il faut qu'on oublie.
Ne m'accusez pas trop quand je serai trop loin
Pour répondre. Oubliez que je n'avais besoin,
Pour rêver, que de voir un jet d'eau qui tournoie.
Oubliez la couleur trop vive de ma joie
Chaque fois qu'un chapeau, dans un carton fleuri,
Par le chemin de fer arrivait de Paris.
Oubliez ce qui fut médiocre ou frivole,
La puérilité, souvent, de mes paroles,
Et mes yeux quelquefois un peu trop bohémiens
Quand je riais par terre assise entre mes chiens !
Et si — n'étant, hélas, qu'une pauvre âme humaine —
J'ai pu, distraitement, vous faire un peu de peine,
Songez que sûrement ce ne fut pas exprès ;
Et songez que là-bas, entre les deux cyprès,
Que là-bas, dans le coin du petit cimetière,
Sous les fleurs, et sous les feuilles, et sous la terre,
Éternellement seuls, éternellement froids,
Sans jamais d'autres doigts pour les serrer, mes doigts,
Mes pauvres doigts à la tendresse terminée,
Qui sans cesse tournaient dans l'air de vos journées
Comme un vol éperdu de blancs petits bourdons,
Seront toujours croisés pour demander pardon !

LES JARDINS

Laisse ta cigarette et laisse ton sourire.
Viens au jardin ! viens au jardin : je veux te dire
Ce que je pense, car ma pensée est à toi
Comme la brume au sol et la fumée au toit.
Viens au jardin… je veux te dire que je t'aime.
Je veux, sur le perron, cueillir des chrysanthèmes,
En prendre un gros bouquet chevelu dans mes bras
Et partir avec toi vers ce soleil, là-bas,
Qui dore ce buisson piqué d'étoiles roses.
Viens ! Je voudrais te dire autant de grandes choses
Qu'il y a sur ce banc de petites fourmis.
Mais d'abord, aimes-tu le chapeau que j'ai mis ?
Car, pour voguer sur l'heure, amicale ou mauvaise,
L'important, c'est d'avoir un chapeau qui te plaise ;
Quand mon chapeau est laid, tu ne m'écoutes pas,
Et je veux te parler longuement. Viens là-bas !
L'automne a redoré le buis des plates-bandes ;
Le ciel est violet comme un crocus ; la lande
Brille sous la splendeur des feuillages rouillés ;
Entre ses bords toujours fleuris, toujours mouillés,
Le gai petit torrent s'habille de lumière,
Glisse sur les cailloux, gambade sur les pierres,
Prend la peine, aux tournants, de mieux se nuancer,
D'être un instant plus clair, un instant plus foncé,
Et d'éclabousser tout d'une alerte dentelle.
Viens ! Regarde à nos pieds comme la terre est belle !
Les fleurs, qui finissaient, recommencent soudain.
C'est un second printemps, plus tendre. Le jardin,
Dont la verdure fut par des marbres pâlie,
A l'air d'un de ces bleus jardins de l'Italie
Où l'amour et la mort se mêlent d'assez près
Pour que les rosiers blancs s'enroulent aux cyprès.

190

Viens ! La joie a ce soir une couleur charmante,
Et je suis ton amie autant que ton amante,
Et rien n'est plus miraculeux qu'un grand jardin
Qui se réveille autour de nous, chaque matin,
En entr'ouvrant ses fleurs, en étirant ses brises.
Un jardin, c'est toujours et partout des surprises.
Tiens, là-bas, cette fleur au flavescent éclat,
Tu crois que c'est une capucine ? Non pas !
C'est une rose en feu, presque encore ignorée,
Que les horticulteurs nomment « Rose Dorée ! »
Et cette énorme touffe blanche, tu croyais
Que c'était une rose ? eh bien, c'est un œillet !
Que veux-tu ! c'est ainsi ! tant de délice embrouille ;
Et nous buvons dans l'air tant de chants de grenouille
Que nous nous sommes grisés, que nous ne savons plus !
Et, hier, te souviens-tu, après qu'il avait plu
Et que les jardiniers cueillaient dans des corbeilles
Les roses limaçons qui se cachaient la veille,
Te souviens-tu du goût de fraîcheur qui passa ?
Te souviens-tu que l'arc-en-ciel, qui se plaça
Sur la grande montagne en face comme une anse,
Avait exactement trente-quatre nuances ?
— Je le sais, j'ai compté. — Te souviens-tu du soir
Où nous sommes restés si tard dehors pour voir,
Sur la rouge maison qui le soir devient brune,
Les jets d'eau se hâter doucement vers la lune ?
Les jets d'eau dépassaient les plantes et les fruits ;
Et nos fronts, sur l'épaule fraîche de la nuit,
Entendaient autour d'eux s'égrener en cadence
Les poussières d'argent qui mouillaient le silence.
Je me rappelle tout. Je n'ai rien oublié.
Je me rappelle qu'un matin de février

Nous avions découvert déjà deux violettes ;
Je sais, lorsque la branche accroche ma voilette,
Comment tu mets d'accord le tulle et le rameau ;
Je sais tous tes regards, et je sais tous les mots
Que tu dis lorsqu'un ciel est plus divin qu'un autre...
Mais c'est trop peu pour un amour comme le nôtre,
Et même l'horizon qui tremble entre les foins
Est trop près pour un cœur qui va toujours plus loin !
Pour l'arrêter, mon pauvre cœur tendre et tragique,
Non, ce n'est pas assez de toutes les musiques
Et de tous les oiseaux d'un jardin ; non, ce n'est
Pas assez des iris, des phlox et des genêts
Qui dans un seul jardin répandent leur délice.
Comme un grand papillon de nuit mon rêve glisse,
Et, prenant chaque fleur comme un pâle gradin,
Mon rêve redescend de jardin en jardin.
Viens avec moi ! viens avec moi ! Je me rappelle
D'autres roses, d'autres œillets, d'autres nigelles...
Car les fleurs d'aujourd'hui, non, ce n'est pas assez,
Viens avec moi dans les jardins de mon passé !
Dans les jardins où j'ai couru sans toi ; viens boire
Tout le long du petit ruisseau de ma mémoire,
Et, plongeant ton regard dans l'eau du souvenir,
Laisse un peu le passé refléter l'avenir.
Viens avec moi dans les jardins de mon enfance,
Viens avec moi dans ces jardins auxquels je pense
Souvent quand tu me dis : « À quoi donc penses-tu ? »
Viens ! mais n'y va pas seul, — seul, tu serais perdu...
Serrons-nous tous les deux comme sous une averse ;
Il faut marcher bien doucement, car on traverse
Tout mon cœur pour aller jusqu'à ces jardins-là !

Voici d'abord, ayant pour seul luxe un lilas
Qu'Avril rouvrait comme une ombrelle d'améthyste,
Le premier des jardins que j'ai connus ; si triste,
Sous son ciel où jamais ne passe un passereau,
Que pendant tout l'hiver on ne savait pas trop
De quel nom le nommer, et qu'il fallait attendre
La résurrection du lilas pour comprendre
Que, sans qu'à ses rameaux se suspende un seul nid,
Sans qu'autour de son front le ciel soit infini,
Sans qu'à ses pieds se couche une fougère, et sombre,
Et privé de soleil au point d'ignorer l'ombre,
Un arbre rose et bleu qui refleurit soudain
Entre des murs, ça fait tout de même un jardin !
Quel beau lilas… regarde ! et sens quelle odeur douce !
Et vois comme il est bon pour nous : d'une secousse,
Il nous fait, de ses fleurs autour de lui tombant,
Un tapis, car il sait qu'il n'y a pas de banc.
Asseyons-nous. Je me revois toute petite,
Ignorant tout le jour que les jours vont si vite,
Et jouant en riant sous les fleurs qui tombaient ;
Il fut, ce doux lilas de Perse, un alphabet
Où mon doigt soulignait les corolles écloses,
Et c'est déjà sur lui que j'épelais les roses.

Le second des jardins que j'ai connus paraît
Bien plutôt qu'un jardin un morceau de forêt.
Il est immense et frais. Chaque soir, il y pousse
De mauvais champignons sur de la bonne mousse.
C'est lui ! Je le revois ! Ouvre la porte ! Entrons !

Oui, je reconnais tout : le petit rocher rond
Qui veut bien d'un lézard émerauder sa pierre ;
La flaque d'eau qui dort, et les basses bruyères
Montant en escalier sous les chênes géants ;
Quelquefois, une biche aux beaux yeux larmoyants
S'arrête au bruit léger qu'elle a fait elle-même ;
De grandes fleurs partout viennent, sans qu'on les sème,
Et ne disent jamais leurs noms ; de temps en temps,
Comme des gouttes d'eau tombent des petits glands,
Tandis que, pour montrer sa grâce d'acrobate
Qui marche sur la tête et vole avec des pattes,
Un tout délicieux et tout rouge écureuil
Dégringole jusqu'au dossier du clair fauteuil
Sur lequel se renverse une grande poupée.
Cet écureuil, six mois je m'en suis occupée !
Dans la tendre fraîcheur que les arbres versaient,
Il me suivait partout ; il me reconnaissait ;
Il oubliait pour moi son angoisse qui tremble ;
Il jouait ; nous mangions des noisettes ensemble ;
Il semblait, parmi le mensonge de l'été,
Être bien décidé à ne plus me quitter,
Et, quand il remontait brusquement dans les feuilles,
Il semblait comme un peu fâché que je ne veuille
Pas rejoindre à mon tour son vertige éternel.
Un jour on l'appela : d'un arbre ou bien du ciel ?
Je ne revis jamais cet ami plein de charmes…
Et bientôt, avec un visage tout en larmes,
Je quittai ce jardin de mon rêve ébloui
Où je ne pouvais plus être heureuse sans lui !

Puis ce fut un jardin descendant sur la plage :
L'air est salé ; le sable est plein de coquillages ;
Les bosquets prennent tous un petit air marin ;
Et ce jardin, avec ses murs de romarin,
Tend jusqu'à l'océan si bien son âme ouverte
Qu'on le voit brusquement tout couvert d'algues vertes,
Luisant bouquet de mer par la mer apporté.
Il est si près du flot que, quelquefois, l'été,
De quatre chardons bleus j'y faisais ma cabine ;
Il a, dans son lointain, les couleurs de la Chine ;
Au matin, vers le soir, ou bien sur le tantôt,
Il a toujours du vent, du rêve et des bateaux ;
Le phare l'illumine et la vague l'arrose ;
C'est un jardin charmant : lorsqu'un oiseau s'y pose
Dans la cadence d'un vol gris doublé de blanc,
C'est toujours quelque triste et souple goéland
Qui repart aussitôt pour suivre quelque voile…

Le quatrième est un jardin rempli d'étoiles
Et de ces oliviers qui, rameaux attiédis,
Montent, sans le cacher, vers le ciel du midi.
Il a, près d'une vigne aux palmes purpurines,
Des gros citrons et des petites mandarines.
Il y fait toujours bon, toujours gai, toujours chaud ;
On peut, quand le soir tombe, y rester sans manteau ;
On entend, d'un côté, d'infatigables ruches,
Tandis qu'auprès du puits dorment toujours deux cruches
Où l'eau demeure fraiche au flanc du grès verni ;
La brise se promène et danse autour des nids ;
Les fleurs des tournesols, vers le soleil tournées,

Semblent des cadrans d'or gouvernant les journées ;
Les maïs doucement balancent leurs pépins ;
La maison sent le lait qui bout et le bon pain, —
Et tout marche conduit par le chant des cigales !

Je vois encor, dressant des meules bien égales,
Et recoqueliquant toujours ses gazons verts,
Un beau jardin dans les environs de Nevers.
La prune sur sa joue a des larmes de gomme ;
La pêche s'attendrit ; on marche sur des pommes ;
On prend de grands bâtons pour abattre les noix ;
C'est dans ce jardin que, pour la première fois,
J'ai su ce que c'était qu'une framboise blanche ;
On cueille des cassis en retroussant ses manches ;
On déjeune sur l'herbe ; on dort dans des hamacs ;
Et le raisin peureux se cache dans des sacs.
Je me revois encor parcourant toute seule
Ce beau verger, puis m'installant dans une meule
Pour manger les fruits verts que l'on me défendait.
Et je vois, dans le soir pâle où je m'attardais,
Mon nom, lancé de loin comme une banderole,
Frôler les hannetons, croiser les moucherolles,
Longer les abricots, traverser les pêchers,
Et venir jusque dans la meule me chercher !
Comment pouvais-je alors être cette gourmande
Qui mordait en secret le velours des amandes
Et buvait au raisin bien avant la saison ?
Je me revois, rentrant vite vers la maison ;
Jetant, en entendant le dernier coup de cloche,
Quelques brugnons encore écrasés dans ma poche ;

Essuyant bien soigneusement, de mon mouchoir,
Le jus bleu des mûrons qui fait le menton noir ;
Cognant, dans un effarement de libellule,
Mon front aux deux vantaux vitrés du vestibule ;
Et, sans prendre le temps seulement d'arranger
Mes cheveux, me glissant dans la salle à manger,
Et m'asseyant, le cœur battant, la joue en fièvre,
Devant l'assiette en porcelaine de la Nièvre
Où le bouillon fumant ouvrait tous ses yeux d'or !

Et, quand je vais plus loin, je me revois encor,
Entre des lys de cire et des iris de flamme,
Dans le petit jardin d'une très vieille dame
Chez laquelle j'allais quelquefois demeurer.
C'était ce qu'on appelle un jardin de curé,
Un de ces gais jardins jaunes, bleus, verts et rouges,
Où toujours il y a quelque chose qui bouge,
Où, dans de la chaleur musiquante, il y a
Toujours quelqu'un qui dort dans un pétunia.
C'était un doux jardin qui tendait des corbeilles ;
Jardin loyal qui, tous les boutons de la veille,
Le lendemain en fleurs magiques les tenait.
Une charmante vieille au tout petit bonnet
Sur ce peuple de fleurs imposait ses mains blêmes.
« Mon jardin, disait-elle, ah ! c'est tout ce que j'aime ! »
Elle avait pour tous les rosiers des soins égaux,
Cherchait les pucerons, chassait les escargots,
Attachait des tuteurs, pratiquait des boutures,
D'avance dans les fruits veillait aux confitures.
Et tout le jour aimait en admirant ! Le soir,

Gardant son équilibre entre deux arrosoirs,
Elle allait trottinante au milieu des corolles,
Et c'était tout un flux de perle et de paroles :
« Buvez, mes belles fleurs ! buvez ! voici de l'eau !
Mais pas si vite ! pas si vite ! il fait trop chaud !
Qu'entends-je ? L'œillet d'Inde et le lys de Judée
Refusent l'arrosoir et réclament l'ondée ?
Ils mériteraient bien de n'avoir rien du tout !
Ingrats ! qu'est-ce qu'elle a, votre eau de pluie ? Un goût
D'étoile ou de nuage ? Allons ! je vous ennuie ?
Ne boudez pas... Demain vous aurez de la pluie,
Car la brise a ridé l'eau du petit bassin,
Et sur mon baromètre on voit le capucin
Qui commence, à rosir tout le bleu de sa barbe. »
Et c'étaient, près du toit penchant que la joubarbe
Écrasait de ses doigts potelés et poilus,
Des conversations qui n'en finissaient plus !

Ô vapeurs d'autrefois dont mon âme est si lourde !
Champs de coquelicots ! touffes de coquelourdes !
Sucre que met dans l'air un seul abricot mûr !
Ifs taillés en fauteuils et buis taillés en murs !
Eau qui meurt dans les puits et vit dans les cascades !
Jardins : refrains ! parfums ! clairs de lune ! escapades !
Petit soulier resté parmi le sable blond
Qui l'a, quand il courait, saisi par le talon !
Chapeau lancé trop haut qui va coiffer les branches !
Chemins mieux ratissés des matins de dimanches !
Feux d'artifice frais des tournants arrosoirs !
Manteaux légers jetés sur l'herbe pour s'asseoir !

Rêves sur des balcons dominant des nuits fraîches !
Ombre d'or sur des lys ! soleil bleu sur des pêches !
Parchemins lumineux des étangs où l'on voit
Tous les têtards signer en faisant une croix !
Broussailles qui serez des fleurs de feu dans l'âtre !
Brouettes où toujours on trouve un sac de plâtre !
Tilleul blond qui remplit les corbeilles d'osier !
Échelle qui se perd dans un doux cerisier !
Pilier vêtu de mousse ! Arbre habillé de lierre !
Livre oublié le soir au coin du banc de pierre !
Courte hésitation d'un oiseau arrêté !
Jardins : bourdons ! bourgeons ! volupté ! vétusté !
Carrefour qui n'est plus qu'un oreiller de feuilles !
Portail qui pour sonner n'a plus qu'un chèvrefeuille !
Vieille grille de fer dont les barreaux sont roux
Et qui n'a plus que des limaces pour verrous !
Jardins : roses qu'on cueille et grappes qu'on inspecte !
Ciseaux dans des raisins ! Fronts sur des fleurs ! Insectes !
Cœur exalté, cœur exaltant, cœur attendri !
Petit jardin de ces environs de Paris
Qui parmi leurs troncs d'arbre ont tant de cheminées !
Jardin qui recevait l'aube des Pyrénées !
Jardin dont la Provence illustrait le couchant !
Jardin dont un rideau de peupliers tremblants
Majestueusement tamisaient la lumière !
Et toi, naïf petit jardin d'une fermière
Où l'on trouvait des œufs et qui, pour nénuphars,
Entr'ouvrais sur de l'eau des ailes de canards !
Et cet autre jardin auquel parfois je pense,
Dont les tristes pieds verts se baignaient dans la Rance,
Dont les oiseaux n'étaient que des martins-pêcheurs !
Et celui qu'on nommait le Jardin des trois-cœurs,

Et dont les tulipiers de Flandre et de Hollande
Portaient le triple nom d'où venait sa légende !
Ah ! ces jardins ! tous ces jardins de mon jadis !
Tous, bordés d'achyranthe ou de myosotis,
Et, selon qu'ils trempaient dans la Meuse ou dans l'Oise,
Pailletés de micas ou duvetés d'ardoise,
Tous, je les porte en moi, beaux et mystérieux !
Les petits points dorés qui nagent dans mes yeux
Sont les reflets diminués de leurs abeilles ;
Je sens au bout des doigts les grains de leurs groseilles ;
Souvent, mes pas refont, dans un de nos sentiers,
La courbe qui suivait leurs buissons d'églantiers ;
Et parfois il suffit d'une herbe un peu plus haute,
D'un criquet gris qui s'ouvre en bleu sitôt qu'il saute,
D'un oiseau noir qui rit en rentrant dans les bois
Ou d'un écho qui vient me rapporter ma voix,
Pour qu'aussitôt, dressant des oreilles de louve,
Mon âme se retourne, et parte, et vous retrouve,
Jardins qui, chaque année à la belle saison,
Pour trois ou quatre mois deveniez « la maison »,
Et que — tous les étés variant vos feuillages —
Je n'avais qu'a compter pour connaître mon âge !

Mais maintenant que je t'ai montré les chemins
Que je prends quelquefois vers de pâles jasmins
Dont, douloureusement, mon rêve est nostalgique,
Maintenant que tes yeux ont rencontré l'unique
Lilas qui m'abrita de son bleu parasol,
Maintenant que je t'ai montré ces ciels, ces sols,
Maintenant que pour toi j'ai poussé tant de portes

Et remué pour toi toutes ces feuilles mortes,
Si tu me vois encor prendre cet air d'effroi
Qui mène à ces jardins, viens toujours avec moi !
Car, parmi tant de fleurs qu'aujourd'hui je te montre,
As-tu vu, mon Amour, tout ce que l'on rencontre ?
Dans les gazons, entre le beau trèfle et le thym,
As-tu vu ces jouets livides et déteints
Comme sous la fureur d'une trop longue averse ?
As-tu vu, dans plusieurs des chemins de traverse
Et sur presque toutes les marches des perrons,
Ces pauvres petits chiens blancs, noirs, gris ou marron,
Qui d'un faible aboiement semblaient me reconnaître ?
As-tu vu qu'aux balcons de toutes les fenêtres
Un sourire était là toujours, et qu'il avait,
Ce sourire, toujours, des mains qui descendaient
Pour tendre des gâteaux, des fruits et des écharpes ?
N'as-tu pas entendu, plus grêles que des harpes
Dont on ne percevrait le désolant sanglot
Qu'au-delà d'un nuage ou qu'à travers de l'eau,
Des voix, ou plutôt des morceaux de voix voilées
Qui se traînaient encor tout le long des allées,
En disant : « Il fait froid ! n'aurais-tu pas besoin
D'un manteau ?... Il fait noir ! ne t'en va pas si loin ! »
N'as-tu pas vu, cerclé de tendres mèches grises,
Un très doux, très doux front, très doux, de femme assise,
Front penché sur l'aiguille ou sur le livre lu,
Qui dans chaque jardin se penchait un peu plus ?
Et n'as-tu pas, dis-moi, vu la petite fille
Qui nous reconduisait toujours à chaque grille,
Silencieusement refermant les barreaux ?
Parfois, elle lisait les Contes de Perrault ;
Dans le premier jardin, contre ses jambes nues,

Se pressaient tendrement deux frileuses tortues ;
Elle était toujours là, nous suivait tout le temps,
Secouait près de nous ses blonds cheveux flottants,
Et, comme en un miroir dont on craint l'imposture,
Elle se regardait souvent dans ma figure !
Puis, elle nous reconduisait jusqu'au chemin…
Et lorsque, pour lui faire un adieu de la main,
Nous retournions la tête, image familière,
Elle était toujours là, souriant sous du lierre,
Et ses cheveux semblaient un chapeau de rayons !
Nous faisions quelques pas, puis nous nous retournions.
Elle était encor là, mais comme une très lasse
Clarté qui va bientôt s'effacer, qui s'efface…
Encore un peu… Elle disparaissait soudain…
Mais nous la retrouvions dans un autre jardin,
Qui, déjà, nous guettait dès le seuil de la porte.
Tout ça, c'est le passé, ce sont les choses mortes,
Les soleils qui brillaient dans les ciels d'autrefois,
Les printemps dont la tige à tenu dans mes doigts,
Les arbres familiers que le temps nous dérobe,
Les petits animaux qui touchèrent ma robe,
Les classiques perrons ombragés de tilleuls
D'où sont partis tous ceux qui nous laissent tout seuls !
Et la petite fille à blonde chevelure,
Qui n'a que mon bonheur encor sur sa figure
Et qui si gentiment sourit et nous parla,
A bien le droit d'être parmi ces choses-là,
Car elle est aussi morte, avec ses jambes roses,
Que tout le reste, que toutes les autres choses,
Que les fronts et les fleurs, les jouets et les voix ;
Oui, morte pour toujours, et morte plusieurs fois :
Morte sous la fraicheur des grandes branches bleues

Où les doux écureuils se coiffaient de leurs queues,
Morte sous les pommiers et sous les romarins…
Oui, morte autant de fois qu'il y eut de jardins !

TABLE DES MATIÈRES

VERT, JAUNE, ORANGÉ, ROUGE, INDIGO 67

VIOLET   137

Un petit mot de l'éditeur…

Chères lectrices et lecteurs, sachez que c'est avec le plus grand plaisir que j'ai repris mot par mot cet ouvrage dont je possède une vieille édition afin de le partager avec vous.

Malgré tout le soin apporté à la mise en page et aux relectures vous pourriez trouver quelques erreurs que je n'aurais pas vues. N'hésitez pas dans ce cas à m'en faire part afin que je puisse les corriger. Vous pouvez également me contacter pour toute autre remarque, commentaire ou simplement me donner votre avis, je vous répondrai dans les plus brefs délais.

J'espère que tout autant que moi vous aurez pris plaisir à lire cette auteur. À très bientôt pour de nouvelles lectures !

Marius Julien

©2024, Ressurecto Eterna Vita Editions
Imprimé à la demande par Amazon
contact@reveditions.com

Illustration de couverture : Marius Julien sur une image
de Pixabay

Illustrations de quatrième de couverture et internes :
Domaine Public (Wikimedia Commons)

Printed in Great Britain
by Amazon

35fbe9c3-8c85-4701-bc72-f904a5b49a48R01